Cozinha Chinesa 2023

Sabores Autênticos Para Sua Casa

Wei Chen

Tabela de conteúdo

Camarões com molho de lichia 10
camarão frito mandarim 11
Camarão com Mangetout 12
Camarões com Cogumelos Chineses 13
Camarões salteados e ervilhas 14
Camarões com Chutney de Manga 16
camarão à Pequim 18
Camarões com Pimentos 19
Gambas Salteadas com Carne de Porco 19
Camarão Rei Frito com Molho de Xerez 21
Camarões fritos com gergelim 22
Camarões salteados na casca 23
camarões fritos 24
Tempurá de Camarão 25
Chiclete 25
Camarões com Tofu 27
camarão com tomate 28
Camarões com molho de tomate 28
Camarões com Molho de Tomate e Chile 29
Camarão Rei Frito com Molho de Tomate 30
Camarão com Legumes 32
Camarões com Castanhas de Água 33
wontons de camarão 34
abalone com frango 35
Abalone com Espargos 36
Abalone com Cogumelos 37
Abalone com molho de ostra 38
amêijoas cozidas no vapor 39
Amêijoas com rebentos de feijão 39
Amêijoas com Gengibre e Alho 41
Amêijoas Salteadas 42
bolos de caranguejo 43

creme de caranguejo 44
carne de caranguejo folha chinesa 45
Caranguejo Foo Yung com brotos de feijão 46
caranguejo com gengibre 47
Caranguejo Lo Mein 48
Caranguejo salteado com carne de porco 50
Carne de caranguejo frita 51
bolas de choco frito 52
lagosta cantonesa 53
lagosta frita 54
Lagosta ao vapor com presunto 55
Lagosta com Cogumelos 56
Caudas de lagosta com carne de porco 57
lagosta salteada 58
ninhos de lagosta 59
Mexilhões em molho de feijão preto 60
mexilhões com gengibre 62
Mexilhões ao vapor 63
ostras fritas 64
ostras com bacon 65
Ostras fritas com gengibre 66
Ostras com Molho de Feijão Preto 67
Vieiras com brotos de bambu 68
vieiras com ovo 69
vieiras com brócolis 70
vieiras com gengibre 72
vieiras com presunto 73
Vieiras mexidas com ervas 74
Vieiras Salteadas e Cebola 75
vieiras com legumes 76
Vieiras com Pimentos 77
Camarão com broto de feijão 78
lulas fritas 80
pacotes de lula 81
rolos de lula frita 83
lula salteada 84

Lulas com Cogumelos Secos 85
Lula com Legumes 86
Carne guisada com anis 87
Vitela com Espargos 87
Carne com Brotos de Bambu 88
Carne com Brotos de Bambu e Cogumelos 89
Carne Assada Chinesa 90
Vitela com Broto de Feijão 91
carne com brócolis 92
Carne com sementes de gergelim com brócolis 94
Carne assada 95
carne cantonesa 96
Carne com Cenouras 97
Carne com Castanha de Caju 98
Caçarola de carne de cozimento lento 99
Vitela com Couve-flor 100
Carne com Aipo 101
Fatias de carne frita com aipo 102
Carne desfiada com frango e aipo 103
Carne com Chile 104
Carne com Couve Chinesa 106
Chop Suey de Carne 107
carne com pepino 108
Beef Chow Mein 109
bife de pepino 111
Caril de carne assada 111
Porco Assado Picante 113
pãezinhos de porco cozidos no vapor 114
carne de porco com repolho 116
Carne de porco com couve e tomate 118
Carne de porco marinada com couve 119
Porco com Aipo 121
Carne de Porco com Castanhas e Cogumelos 122
Chop Suey De Porco 122
Yakisoba de porco 125
Chow Mein De Porco Assado 126

carne de porco com chutney 127
carne de porco com pepino 128
Empadas Crocantes de Porco 129
Rolinhos de porco com ovo 130
Rolinhos de ovo de porco e camarão 131
Carne de porco estufada com ovos 132
porco em chamas 133
bife de porco frito 134
Carne de porco com cinco especiarias 135
Carne de porco assada perfumada 136
Carne de porco com alho picado 137
Carne de porco salteada com gengibre 138
Carne de Porco com Feijão Verde 139
Carne de porco com presunto e tofu 140
Espetadas de Porco Frito 142
Joelho de porco assado ao molho vermelho 143
carne de porco marinada 145
Costeletas De Porco Marinadas 146
Porco com Cogumelos 147
bolo de carne cozido no vapor 148
Carne de porco vermelha com cogumelos 149
Panqueca De Macarrão De Porco 150
Carne de porco e camarão com panqueca de macarrão 151
Carne de porco com molho de ostra 152
porco com amendoim 153
Porco com Pimentos 155
Carne de porco picante com picles 156
Carne de porco com molho de ameixa 157
carne de porco com camarão 158
porco vermelho cozido 159
Carne de porco ao molho vermelho 160
Carne de porco com macarrão de arroz 162
bolas de porco ricas 164
costeletas de porco assadas 165
carne de porco temperada 166
Fatias de carne de porco escorregadias 168

Carne de porco com espinafre e cenoura	169
carne de porco cozida no vapor	170
carne de porco frita	171
Carne de porco com batata doce	172
carne de porco agridoce	173
porco salgado	175
carne de porco com tofu	176
porco frito	177
carne de porco duas vezes cozida	178
Porco com Legumes	179
carne de porco com nozes	181
wontons de porco	182
Carne de Porco com Castanhas de Água	183
wontons de carne de porco e camarão	184
Almôndegas picadas no vapor	185
Baby Ribs com molho de feijão preto	187
Costela Grelhada	189
Costelas de Bordo Assadas	190
costelinha de porco frita	191
Costela com Alho-poró	192
Costela com Cogumelos	194
Costela com Laranja	195
costela de abacaxi	197
Costelinha de camarão crocante	199
Costela com Vinho de Arroz	200
Costelas com sementes de gergelim	201
Costelinhas doces e suaves	203
Costela Salteada	205
Costela com Tomate	206
Carne de porco grelhada	208
Carne de porco fria com mostarda	209
porco assado chinês	210
carne de porco com espinafre	211
bolas de porco fritas	212
Rolinhos de ovo de porco e camarão	213
Carne de porco moída no vapor	215

Carne de porco frita com carne de caranguejo.......................... 216

Camarões com molho de lichia

para 4 pessoas

50 g / 2 oz / ¬Ω copo único (para todos os fins)
farinha
2,5 ml / ¬Ω colher de chá de sal
1 ovo, levemente batido
30 ml / 2 colheres de sopa de água
450 g / 1 libra de camarões descascados
óleo para fritar
30 ml / 2 colheres de sopa de óleo de amendoim
2 fatias de raiz de gengibre picadas
30 ml / 2 colheres de sopa de vinagre de vinho
5 ml / 1 colher de chá de açúcar
2,5 ml / ¬Ω colher de chá de sal
15 ml / 1 colher de sopa de molho de soja
200 g / 7 onças de lichias enlatadas, escorridas

Misture a farinha, sal, ovo e água para fazer uma massa, adicionando um pouco mais de água, se necessário. Misture com os camarões até ficarem bem empanados. Aqueça o óleo e frite os camarões por alguns minutos até ficarem crocantes e dourados. Escorra em papel de cozinha e coloque num prato de servir quente. Enquanto isso, aqueça o óleo e frite o gengibre por

1 minuto. Adicione o vinagre de vinho, o açúcar, o sal e o molho de soja. Adicione as lichias e mexa até aquecer e cobrir com o molho. Despeje sobre os camarões e sirva na hora.

camarão frito mandarim

para 4 pessoas

60 ml / 4 colheres de sopa de óleo de amendoim
1 dente de alho amassado
1 fatia de raiz de gengibre, picada
450 g / 1 libra de camarões descascados
30 ml / 2 colheres de sopa de vinho de arroz ou xerez seco 30 ml
/ 2 colheres de sopa de molho de soja
15 ml / 1 colher de sopa de fubá (amido de milho)
45 ml / 3 colheres de sopa de água

Aqueça o óleo e frite o alho e o gengibre até dourar levemente. Adicione os camarões e frite por 1 minuto. Adicione o vinho ou xerez e mexa bem. Adicione o molho de soja, o amido de milho e a água e frite por 2 minutos.

Camarão com Mangetout

para 4 pessoas

5 cogumelos chineses secos

225g / 8oz brotos de feijão

60 ml / 4 colheres de sopa de óleo de amendoim

5 ml / 1 colher de chá de sal

2 talos de aipo picados

4 cebolinhas (cebolinhas), picadas

2 dentes de alho amassados

2 fatias de raiz de gengibre picadas

60 ml / 4 colheres de sopa de água

15 ml / 1 colher de sopa de molho de soja

15 ml / 1 colher de sopa de vinho de arroz ou xerez seco

8 onças / 225 g de ervilhas

225g / 8 onças de camarões descascados

15 ml / 1 colher de sopa de fubá (amido de milho)

Mergulhe os cogumelos em água morna por 30 minutos e depois escorra. Descarte os talos e corte as pontas. Escalde os brotos de feijão em água fervente por 5 minutos e escorra bem. Aqueça metade do óleo e frite o sal, o aipo, a cebolinha e o broto de feijão por 1 minuto, depois retire da panela. Aqueça o óleo restante e frite o alho e o gengibre até dourar levemente. Adicione metade da água, molho de soja, vinho ou xerez, ervilhas e camarão, leve para ferver e cozinhe por 3 minutos. Misture o fubá e a água restante em uma pasta, mexa na panela e cozinhe, mexendo, até o molho engrossar. Retorne os legumes à frigideira, cozinhe até aquecer. Sirva na hora.

Camarões com Cogumelos Chineses

para 4 pessoas

8 cogumelos chineses secos
45 ml / 3 colheres de sopa de óleo de amendoim (amendoim)
3 fatias de raiz de gengibre picadas
450 g / 1 libra de camarões descascados
15 ml / 1 colher de sopa de molho de soja
5 ml / 1 colher de chá de sal
60 ml / 4 colheres de sopa de caldo de peixe

Mergulhe os cogumelos em água morna por 30 minutos e depois escorra. Descarte os talos e corte as pontas. Aqueça metade do óleo e frite o gengibre até dourar levemente. Adicione os camarões, o molho de soja e o sal e refogue até ficarem cobertos de óleo e retire da panela. Aqueça o restante azeite e frite os cogumelos até ficarem cobertos de azeite. Adicione o caldo, deixe ferver, tampe e cozinhe por 3 minutos. Retorne o camarão à frigideira e mexa até aquecer.

Camarões salteados e ervilhas

para 4 pessoas

450 g / 1 libra de camarões descascados

5 ml / 1 colher de chá de óleo de gergelim

5 ml / 1 colher de chá de sal

30 ml / 2 colheres de sopa de óleo de amendoim

1 dente de alho amassado

1 fatia de raiz de gengibre, picada

8 oz / 225g de ervilhas escaldadas ou congeladas, descongeladas

4 cebolinhas (cebolinhas), picadas

30 ml / 2 colheres de sopa de água

sal e pimenta

Misture os camarões com o óleo de gergelim e o sal. Aqueça o óleo e frite o alho e o gengibre por 1 minuto. Adicione os camarões e frite por 2 minutos. Adicione as ervilhas e frite por 1 minuto. Adicione a cebolinha e a água e tempere com sal e pimenta e um pouco mais de óleo de gergelim, se desejar. Aquecer, mexendo cuidadosamente, antes de servir.

Camarões com Chutney de Manga

para 4 pessoas

12 camarões

sal e pimenta

suco de 1 limão

30 ml / 2 colheres (sopa) de fubá (maizena)

1 alça

5 ml / 1 colher de chá de mostarda em pó

5 ml / 1 colher de chá de mel

30 ml / 2 colheres de sopa de creme de coco

30 ml / 2 colheres de sopa de caril suave em pó

120 ml / 4 fl oz / ¬Ω xícara de caldo de galinha

45 ml / 3 colheres de sopa de óleo de amendoim (amendoim)

2 dentes de alho picados

2 cebolinhas (cebolinhas), picadas

1 bulbo de funcho, picado

100g / 4oz chutney de manga

Descasque os camarões, deixando as caudas intactas. Polvilhe com sal, pimenta e suco de limão e cubra com metade da farinha de milho. Descasque a manga, corte a carne do osso e depois pique a carne. Misture a mostarda, o mel, o creme de coco, o curry em pó, o amido de milho restante e o caldo. Aqueça metade do azeite e frite o alho, a cebolinha e o funcho por 2 minutos. Adicione a mistura de caldo, deixe ferver e cozinhe por 1 minuto. Adicione os cubos de manga e o molho picante e aqueça suavemente, depois transfira para uma travessa quente. Aqueça o azeite restante e frite os camarões por 2 minutos. Arrume-os sobre os legumes e sirva todos de uma vez.

camarão à Pequim

para 4 pessoas

30 ml / 2 colheres de sopa de óleo de amendoim
2 dentes de alho amassados
1 fatia de raiz de gengibre, finamente picada
225g / 8 onças de camarões descascados
4 cebolinhas (cebolinhas), cortadas em fatias grossas
120 ml / 4 fl oz / ¬Ω xícara de caldo de galinha
5 ml / 1 colher de chá de açúcar mascavo
5 ml / 1 colher de chá de molho de soja
5 ml / 1 colher de chá de molho hoisin
5 ml / 1 colher de chá de molho tabasco

Aqueça o azeite com o alho e o gengibre e frite até o alho dourar levemente. Adicione os camarões e frite por 1 minuto. Adicione a cebolinha e frite por 1 minuto. Adicione os ingredientes restantes, deixe ferver, tampe e cozinhe por 4 minutos, mexendo ocasionalmente. Verifique o tempero e acrescente um pouco mais de tabasco se preferir.

Camarões com Pimentos

para 4 pessoas

30 ml / 2 colheres de sopa de óleo de amendoim
1 pimentão verde cortado em pedaços
450 g / 1 libra de camarões descascados
10 ml / 2 colheres de chá de fubá (amido de milho)
60 ml / 4 colheres de sopa de água
5 ml / 1 colher de chá de vinho de arroz ou xerez seco
2,5 ml / ¬Ω colher de chá de sal
45 ml / 2 colheres (sopa) de extrato de tomate (pasta)

Aqueça o óleo e frite a pimenta por 2 minutos. Adicione o camarão e o purê de tomate e mexa bem. Misture a água de farinha de milho, vinho ou xerez e sal até formar uma pasta, coloque na panela e cozinhe, mexendo, até o molho afinar e engrossar.

Gambas Salteadas com Carne de Porco

para 4 pessoas

225g / 8 onças de camarões descascados

100 g / 4 onças de carne de porco magra, desfiada
60 ml / 4 colheres de sopa de vinho de arroz ou xerez seco
1 clara de ovo
45 ml / 3 colheres (sopa) de fubá (maizena)
5 ml / 1 colher de chá de sal
15 ml / 1 colher de sopa de água (opcional)
90 ml / 6 colheres de sopa de óleo de amendoim
45 ml / 3 colheres de sopa de caldo de peixe
5 ml / 1 colher de chá de óleo de gergelim

Coloque o camarão e a carne de porco em pratos separados. Misture 45 ml / 3 colheres de sopa de vinho ou xerez, a clara de ovo, 30 ml / 2 colheres de fubá e sal para formar uma massa solta, adicionando água se necessário. Divida a mistura entre a carne de porco e o camarão e misture bem para cobrir uniformemente. Aqueça o óleo e frite a carne de porco e os camarões por alguns minutos até dourar. Retire da panela e despeje tudo, exceto 15ml / 1 colher de sopa de óleo. Adicione o caldo à panela com vinho restante ou xerez e farinha de milho. Deixe ferver e cozinhe, mexendo, até o molho engrossar. Despeje sobre os camarões e a carne de porco e sirva polvilhado com óleo de gergelim.

Camarão Rei Frito com Molho de Xerez

para 4 pessoas

50 g / 2 oz / ½ xícara de farinha simples (para todos os fins)

2,5 ml / ½ colher de chá de sal

1 ovo, levemente batido

30 ml / 2 colheres de sopa de água

450 g / 1 libra de camarões descascados

óleo para fritar

15 ml / 1 colher de sopa de óleo de amendoim

1 cebola finamente picada

45 ml / 3 colheres de sopa de vinho de arroz ou xerez seco

15 ml / 1 colher de sopa de molho de soja

120 ml / 4 fl oz / ½ xícara de caldo de peixe

10 ml / 2 colheres de chá de fubá (amido de milho)

30 ml / 2 colheres de sopa de água

Misture a farinha, sal, ovo e água para fazer uma massa, adicionando um pouco mais de água, se necessário. Misture com os camarões até ficarem bem empanados. Aqueça o óleo e frite os camarões por alguns minutos até ficarem crocantes e dourados. Escorra em papel de cozinha e coloque em uma travessa quente. Enquanto isso, aqueça o óleo e frite a cebola até ficar macia. Adicione o vinho ou xerez, o molho de soja e o caldo, deixe ferver e cozinhe por 4 minutos. Misture o fubá e a água em uma pasta, mexa na panela e cozinhe, mexendo, até o molho afinar e engrossar. Despeje o molho sobre os camarões e sirva.

Camarões fritos com gergelim

para 4 pessoas

450 g / 1 libra de camarões descascados

¬Ω clara de ovo

5 ml / 1 colher de chá de molho de soja

5 ml / 1 colher de chá de óleo de gergelim

50 g / 2 oz / ¬Ω xícara de farinha de milho (amido de milho)

sal e pimenta branca moída na hora

óleo para fritar

60 ml / 4 colheres de sopa de sementes de gergelim

Folhas de alface

Misture os camarões com a clara de ovo, molho de soja, óleo de gergelim, amido de milho, sal e pimenta. Adicione um pouco de água se a mistura estiver muito grossa. Aqueça o óleo e frite os camarões por alguns minutos até dourar levemente. Enquanto isso, toste brevemente as sementes de gergelim em uma frigideira seca até dourar. Escorra o camarão e misture com as sementes de gergelim. Sirva sobre uma cama de alface.

Camarões salteados na casca

para 4 pessoas

60 ml / 4 colheres de sopa de óleo de amendoim
750 g / 1¬Ω lb camarão com casca
3 cebolinhas (cebolinhas), picadas
3 fatias de raiz de gengibre picadas
2,5 ml / ¬Ω colher de chá de sal
15 ml / 1 colher de sopa de vinho de arroz ou xerez seco
120 ml / 4 fl oz / ¬Ω xícara de molho de tomate (ketchup)
15 ml / 1 colher de sopa de molho de soja
15ml / 1 colher de sopa de açúcar
15 ml / 1 colher de sopa de fubá (amido de milho)
60 ml / 4 colheres de sopa de água

Aqueça o óleo e frite os camarões por 1 minuto se estiverem cozidos ou até ficarem rosados se estiverem crus. Adicione as cebolinhas, gengibre, sal e vinho ou xerez e cozinhe por 1 minuto. Adicione o molho de tomate, o molho de soja e o açúcar e frite por 1 minuto. Misture o fubá com a água, coloque na panela e cozinhe, mexendo, até o molho afinar e engrossar.

camarões fritos

para 4 pessoas

75 g / 3 onças / amontoado ¬° xícara de farinha de milho (amido de milho)
1 clara de ovo
5 ml / 1 colher de chá de vinho de arroz ou xerez seco
sal
350g / 12oz camarões descascados
óleo para fritar

Misture o fubá, clara de ovo, vinho ou xerez e uma pitada de sal para fazer uma massa grossa. Mergulhe os camarões na massa até ficarem bem empanados. Aqueça o óleo até que esteja moderadamente quente e frite os camarões por alguns minutos até dourar. Retire do óleo, aqueça bem e frite os camarões até ficarem crocantes e dourados.

Tempurá de Camarão

para 4 pessoas

450 g / 1 libra de camarões descascados
30 ml / 2 colheres de sopa de farinha de trigo (para todos os fins)
30 ml / 2 colheres (sopa) de fubá (maizena)
30 ml / 2 colheres de sopa de água
2 ovos batidos
óleo para fritar

Corte os camarões no meio da curva interna e espalhe-os para formar uma borboleta. Misture a farinha, o amido de milho e a água até formar uma massa, depois acrescente os ovos. Aqueça o óleo e frite os camarões até dourar.

Chiclete

para 4 pessoas

30 ml / 2 colheres de sopa de óleo de amendoim
2 cebolinhas (cebolinhas), picadas
1 dente de alho amassado

1 fatia de raiz de gengibre, picada
100g / 4oz peito de frango, cortado em tiras
100g / 4oz presunto, cortado em tiras
100 g / 4 onças de brotos de bambu, cortados em tiras
100g / 4 onças de castanhas de água, cortadas em tiras
225g / 8 onças de camarões descascados
30 ml / 2 colheres de sopa de molho de soja
30 ml / 2 colheres de sopa de vinho de arroz ou xerez seco
5 ml / 1 colher de chá de sal
5 ml / 1 colher de chá de açúcar
5 ml / 1 colher de chá de fubá (amido de milho)

Aqueça o óleo e frite a cebolinha, o alho e o gengibre até dourar levemente. Adicione o frango e frite por 1 minuto. Adicione o presunto, brotos de bambu e castanhas de água e frite por 3 minutos. Adicione os camarões e frite por 1 minuto. Adicione o molho de soja, vinho ou xerez, sal e açúcar e cozinhe por 2 minutos. Misture o fubá com um pouco de água, mexa na panela e cozinhe em fogo baixo, mexendo por 2 minutos.

Camarões com Tofu

para 4 pessoas

45 ml / 3 colheres de sopa de óleo de amendoim (amendoim)
8 onças / 225 g de tofu, em cubos
1 cebolinha (cebolinha), picada
1 dente de alho amassado
15 ml / 1 colher de sopa de molho de soja
5 ml / 1 colher de chá de açúcar
90 ml / 6 colheres de sopa de caldo de peixe
225g / 8 onças de camarões descascados
15 ml / 1 colher de sopa de fubá (amido de milho)
45 ml / 3 colheres de sopa de água

Aqueça metade do óleo e frite o tofu até dourar levemente e retire da panela. Aqueça o óleo restante e frite a cebolinha e o alho até dourar levemente. Adicione o molho de soja, o açúcar e o caldo e deixe ferver. Adicione o camarão e mexa em fogo baixo por 3 minutos. Misture o fubá e a água em uma pasta, mexa na panela e cozinhe, mexendo, até o molho engrossar. Retorne o tofu para a panela e cozinhe até aquecer.

camarão com tomate

para 4 pessoas

2 claras de ovo
30 ml / 2 colheres (sopa) de fubá (maizena)
5 ml / 1 colher de chá de sal
450 g / 1 libra de camarões descascados
óleo para fritar
30 ml / 2 colheres de sopa de vinho de arroz ou xerez seco
8 oz / 225g de tomates, sem pele, sem sementes e picados

Misture as claras, o amido de milho e o sal. Adicione o camarão até ficar bem revestido. Aqueça o óleo e frite os camarões até ficarem cozidos. Despeje tudo menos 15 ml / 1 colher de sopa de óleo e volte ao fogo. Adicione o vinho ou o xerez e os tomates e deixe ferver. Adicione o camarão e aqueça rapidamente antes de servir.

Camarões com molho de tomate

para 4 pessoas

30 ml / 2 colheres de sopa de óleo de amendoim
1 dente de alho amassado
2 fatias de raiz de gengibre picadas
2,5 ml / ¬Ω colher de chá de sal

15 ml / 1 colher de sopa de vinho de arroz ou xerez seco
15 ml / 1 colher de sopa de molho de soja
6 ml / 4 colheres de sopa de molho de tomate (ketchup)
120 ml / 4 fl oz / ¬Ω xícara de caldo de peixe
350g / 12oz camarões descascados
10 ml / 2 colheres de chá de fubá (amido de milho)
30 ml / 2 colheres de sopa de água

Aqueça o óleo e frite o alho, o gengibre e o sal por 2 minutos. Adicione o vinho ou xerez, o molho de soja, o molho de tomate e o caldo e deixe ferver. Adicione o camarão, tampe e cozinhe por 2 minutos. Misture o fubá e a água em uma pasta, mexa na panela e cozinhe, mexendo, até o molho afinar e engrossar.

Camarões com Molho de Tomate e Chile

para 4 pessoas
60 ml / 4 colheres de sopa de óleo de amendoim
15 ml / 1 colher de sopa de gengibre picado
15 ml / 1 colher de sopa de alho picado
15 ml / 1 colher de sopa de cebolinha picada
60 ml / 4 colheres (sopa) de extrato de tomate (pasta)

15 ml / 1 colher de sopa de molho de pimenta

450 g / 1 libra de camarões descascados

15 ml / 1 colher de sopa de fubá (amido de milho)

15 ml / 1 colher de sopa de água

Aqueça o óleo e frite o gengibre, o alho e a cebolinha por 1 minuto. Adicione o purê de tomate e o molho de pimenta e misture bem. Adicione os camarões e frite por 2 minutos. Misture o fubá com a água até obter uma pasta, mexa na panela e cozinhe até o molho engrossar. Sirva na hora.

Camarão Rei Frito com Molho de Tomate

para 4 pessoas

50 g / 2 oz / ¬Ω xícara de farinha simples (para todos os fins)

2,5 ml / ¬Ω colher de chá de sal

1 ovo, levemente batido

30 ml / 2 colheres de sopa de água

450 g / 1 libra de camarões descascados

óleo para fritar

30 ml / 2 colheres de sopa de óleo de amendoim
1 cebola finamente picada
2 fatias de raiz de gengibre picadas
75 ml / 5 colheres de sopa de molho de tomate (ketchup)
10 ml / 2 colheres de chá de fubá (amido de milho)
30 ml / 2 colheres de sopa de água

Misture a farinha, sal, ovo e água para fazer uma massa, adicionando um pouco mais de água, se necessário. Misture com os camarões até ficarem bem empanados. Aqueça o óleo e frite os camarões por alguns minutos até ficarem crocantes e dourados. Escorra em papel toalha.

Enquanto isso, aqueça o óleo e frite a cebola e o gengibre até ficarem macios. Acrescente o molho de tomate e refogue por 3 minutos. Misture o fubá e a água em uma pasta, mexa na panela e cozinhe, mexendo, até o molho engrossar. Adicione os camarões à panela e cozinhe até aquecer. Sirva na hora.

Camarão com Legumes

para 4 pessoas

15 ml / 1 colher de sopa de óleo de amendoim
225 g / 8 oz floretes de brócolis
225g / 8 onças de cogumelos
225 g / 8 onças de brotos de bambu, fatiados
450 g / 1 libra de camarões descascados
120 ml / 4 fl oz / ¬Ω xícara de caldo de galinha
5 ml / 1 colher de chá de fubá (amido de milho)
5 ml / 1 colher de chá de molho de ostra
2,5 ml / ¬Ω colher de chá de açúcar
2,5 ml / ¬Ω colher de chá de raiz de gengibre ralada
pitada de pimenta moída na hora

Aqueça o óleo e frite o brócolis por 1 minuto. Adicione os cogumelos e brotos de bambu e frite por 2 minutos. Adicione os camarões e frite por 2 minutos. Misture os ingredientes restantes e mexa na mistura de camarão. Deixe ferver, mexendo, depois cozinhe por 1 minuto, mexendo continuamente.

Camarões com Castanhas de Água

para 4 pessoas

60 ml / 4 colheres de sopa de óleo de amendoim
1 dente de alho picado
1 fatia de raiz de gengibre, picada
450 g / 1 libra de camarões descascados
2 colheres de sopa / 30ml de vinho de arroz ou xerez seco 8 onças / 225g de castanhas d'água, fatiadas
30 ml / 2 colheres de sopa de molho de soja
15 ml / 1 colher de sopa de fubá (amido de milho)
45 ml / 3 colheres de sopa de água

Aqueça o óleo e frite o alho e o gengibre até dourar levemente. Adicione os camarões e frite por 1 minuto. Adicione o vinho ou xerez e mexa bem. Adicione as castanhas d'água e frite por 5 minutos. Adicione o restante dos ingredientes e frite por 2 minutos.

wontons de camarão

para 4 pessoas

450g / 1lb camarões descascados, picados
8 oz / 225g de verduras mistas, picadas
15 ml / 1 colher de sopa de molho de soja
2,5 ml / ½ colher de chá de sal
algumas gotas de óleo de gergelim
40 peles wonton
óleo para fritar

Misture o camarão, legumes, molho de soja, sal e óleo de gergelim.

Para dobrar os wontons, segure a pele na palma da mão esquerda e coloque um pouco de recheio no centro. Umedeça as bordas com ovo e dobre a pele em um triângulo, selando as bordas. Umedeça os cantos com ovo e torça.

Aqueça o óleo e frite os wontons alguns de cada vez até dourar. Escorra bem antes de servir.

abalone com frango

para 4 pessoas

400 g / 14 onças abalone enlatado
30 ml / 2 colheres de sopa de óleo de amendoim
100g / 4 onças de peito de frango, em cubos
100 g / 4 onças de brotos de bambu, fatiados
250 ml / 8 fl oz / 1 xícara de caldo de peixe
15 ml / 1 colher de sopa de vinho de arroz ou xerez seco
5 ml / 1 colher de chá de açúcar
2,5 ml / ¬Ω colher de chá de sal
15 ml / 1 colher de sopa de fubá (amido de milho)
45 ml / 3 colheres de sopa de água

Escorra e corte o abalone, reservando o suco. Aqueça o óleo e frite o frango até ficar com uma cor clara. Adicione o abalone e os brotos de bambu e frite por 1 minuto. Adicione o líquido abalone, caldo, vinho ou xerez, açúcar e sal, deixe ferver e cozinhe por 2 minutos. Misture o fubá e a água em uma pasta e cozinhe, mexendo, até o molho afinar e engrossar. Sirva na hora.

Abalone com Espargos

para 4 pessoas

10 cogumelos chineses secos

30 ml / 2 colheres de sopa de óleo de amendoim

15 ml / 1 colher de sopa de água

225g / 8oz aspargos

2,5 ml / ¬Ω colher de chá de molho de peixe

15 ml / 1 colher de sopa de fubá (amido de milho)

8 onças / 225 g de abalone enlatado, fatiado

60 ml / 4 colheres de sopa de caldo

¬Ω cenoura pequena fatiada

5 ml / 1 colher de chá de molho de soja

5 ml / 1 colher de chá de molho de ostra

5 ml / 1 colher de chá de vinho de arroz ou xerez seco

Mergulhe os cogumelos em água morna por 30 minutos e depois escorra. Descarte os talos. Aqueça 15 ml / 1 colher de sopa de óleo com a água e frite os cogumelos por 10 minutos. Enquanto isso, cozinhe os aspargos em água fervente com o molho de peixe e 5ml/1 colher de fubá até ficarem macios. Escorra bem e coloque em uma travessa aquecida com os cogumelos. Mantenha-os aquecidos. Aqueça o óleo restante e frite o abalone por alguns segundos, depois acrescente o caldo, a cenoura, o molho de soja, o molho de ostra, o vinho ou xerez e o restante do amido de milho. Cozinhe por cerca de 5 minutos até ficar cozido, despeje sobre os aspargos e sirva.

Abalone com Cogumelos

para 4 pessoas

6 cogumelos chineses secos

400 g / 14 onças abalone enlatado

45 ml / 3 colheres de sopa de óleo de amendoim (amendoim)

2,5 ml / ¬Ω colher de chá de sal

15 ml / 1 colher de sopa de vinho de arroz ou xerez seco

3 cebolinhas (cebolinha), cortadas em fatias grossas

Mergulhe os cogumelos em água morna por 30 minutos e depois escorra. Descarte os talos e corte as pontas. Escorra e corte o abalone, reservando o suco. Aqueça o óleo e frite o sal e os cogumelos por 2 minutos. Adicione o líquido abalone e o xerez, deixe ferver, tampe e cozinhe por 3 minutos. Adicione o abalone e a cebolinha e cozinhe até aquecer. Sirva na hora.

Abalone com molho de ostra

para 4 pessoas

400 g / 14 onças abalone enlatado
15 ml / 1 colher de sopa de fubá (amido de milho)
15 ml / 1 colher de sopa de molho de soja
45 ml / 3 colheres de sopa de molho de ostra
30 ml / 2 colheres de sopa de óleo de amendoim
50g / 2oz presunto defumado, picado

Escorra a lata de abalone e reserve 90 ml / 6 colheres de sopa do líquido. Misture com o fubá, o molho de soja e o molho de ostra. Aqueça o óleo e frite o abalone escorrido por 1 minuto. Adicione a mistura de molho e cozinhe em fogo baixo, mexendo, por cerca de 1 minuto até aquecer. Transfira para uma travessa quente e sirva decorado com presunto.

amêijoas cozidas no vapor

para 4 pessoas

24 amêijoas

Esfregue bem as amêijoas e deixe-as de molho em água salgada por algumas horas. Lave em água corrente e coloque em um refratário raso. Coloque em uma gradinha em uma panela a vapor, tampe e cozinhe em água fervente por cerca de 10 minutos até que todas as amêijoas estejam abertas. Descarte os que permanecerem fechados. Sirva com molhos.

Amêijoas com rebentos de feijão

para 4 pessoas

24 amêijoas
15 ml / 1 colher de sopa de óleo de amendoim
150g / 5oz brotos de feijão
1 pimentão verde cortado em tiras
2 cebolinhas (cebolinhas), picadas
15 ml / 1 colher de sopa de vinho de arroz ou xerez seco

sal e pimenta moída na hora
2,5 ml / ¬Ω colher de chá de óleo de gergelim
50g / 2oz presunto defumado, picado

Esfregue bem as amêijoas e deixe-as de molho em água salgada por algumas horas. Enxágue com água corrente. Leve ao lume um tacho com água, junte as amêijoas e deixe cozinhar alguns minutos até abrirem. Escorra e descarte os que permanecerem fechados. Retire as amêijoas das conchas.

Aqueça o óleo e frite os brotos de feijão por 1 minuto. Adicione o pimentão e a cebolinha e frite por 2 minutos. Adicione o vinho ou xerez e tempere com sal e pimenta. Aqueça e adicione as amêijoas e mexa até ficar bem misturado e aquecido. Transfira para uma travessa quente e sirva polvilhado com óleo de gergelim e presunto.

Amêijoas com Gengibre e Alho

para 4 pessoas

24 amêijoas
15 ml / 1 colher de sopa de óleo de amendoim
2 fatias de raiz de gengibre picadas
2 dentes de alho amassados
15 ml / 1 colher de sopa de água
5 ml / 1 colher de chá de óleo de gergelim
sal e pimenta moída na hora

Esfregue bem as amêijoas e deixe-as de molho em água salgada por algumas horas. Enxágue com água corrente. Aqueça o óleo e frite o gengibre e o alho por 30 segundos. Adicione as amêijoas, a água e o óleo de sésamo, tape e deixe cozinhar cerca de 5 minutos até as amêijoas abrirem. Descarte os que permanecerem fechados. Tempere levemente com sal e pimenta e sirva imediatamente.

Amêijoas Salteadas

para 4 pessoas

24 amêijoas

60 ml / 4 colheres de sopa de óleo de amendoim

4 dentes de alho, picados

1 cebola picada

2,5 ml / ¬Ω colher de chá de sal

Esfregue bem as amêijoas e deixe-as de molho em água salgada por algumas horas. Enxágue em água corrente e depois seque. Aqueça o óleo e frite o alho, a cebola e o sal até ficarem macios. Adicione as amêijoas, tape e cozinhe em lume brando cerca de 5 minutos até todas as conchas se abrirem. Descarte os que permanecerem fechados. Frite delicadamente por mais 1 minuto, regando com óleo.

bolos de carangueijo

para 4 pessoas

225g / 8oz brotos de feijão
4 colheres de sopa / 60 ml de óleo de amendoim 4 onças / 100 g
de brotos de bambu, cortados em tiras
1 cebola picada
8 oz / 225g de carne de carangueijo, em flocos
4 ovos, ligeiramente batidos
15 ml / 1 colher de sopa de fubá (amido de milho)
30 ml / 2 colheres de sopa de molho de soja
sal e pimenta moída na hora

Escalde os brotos de feijão em água fervente por 4 minutos e depois escorra. Aqueça metade do óleo e frite o broto de feijão, o broto de bambu e a cebola até ficarem macios. Retire do fogo e misture com os demais ingredientes, menos o azeite. Aqueça o óleo restante em uma frigideira limpa e frite colheres de sopa da mistura de carne de carangueijo para fazer pequenos bolos. Frite até dourar levemente dos dois lados e sirva tudo de uma vez.

creme de caranguejo

para 4 pessoas

225g / 8 onças de carne de caranguejo

5 ovos batidos

1 cebolinha (cebolinha) bem picadinha

250 ml / 8 fl oz / 1 xícara de água

5 ml / 1 colher de chá de sal

5 ml / 1 colher de chá de óleo de gergelim

Misture bem todos os ingredientes. Coloque em uma tigela, tampe e coloque em banho-maria sobre água quente ou em uma grelha para vapor. Cozinhe no vapor por cerca de 35 minutos até a consistência de um creme, mexendo ocasionalmente. Sirva com arroz.

carne de caranguejo folha chinesa

para 4 pessoas

450 g / 1 lb de folhas de porcelana, raladas
45 ml / 3 colheres de sopa de óleo vegetal
2 cebolinhas (cebolinhas), picadas
225g / 8 onças de carne de caranguejo
15 ml / 1 colher de sopa de molho de soja
15 ml / 1 colher de sopa de vinho de arroz ou xerez seco
5 ml / 1 colher de chá de sal

Escalde as folhas chinesas em água fervente por 2 minutos, depois escorra bem e enxágue com água fria. Aqueça o óleo e frite as cebolinhas até dourar levemente. Adicione a carne de siri e frite por 2 minutos. Adicione as folhas chinesas e frite por 4 minutos. Adicione o molho de soja, vinho ou xerez e sal e misture bem. Adicione o caldo e a farinha de milho, deixe ferver e cozinhe, mexendo, por 2 minutos até o molho afinar e engrossar.

Caranguejo Foo Yung com brotos de feijão

para 4 pessoas

6 ovos batidos
45 ml / 3 colheres (sopa) de fubá (maizena)
225g / 8 onças de carne de caranguejo
100g / 4oz brotos de feijão
2 cebolinhas (cebolinhas), finamente picadas
2,5 ml / ¬Ω colher de chá de sal
45 ml / 3 colheres de sopa de óleo de amendoim (amendoim)

Bata os ovos e depois acrescente o fubá. Misture os ingredientes restantes, exceto o óleo. Aqueça o óleo e despeje a mistura na panela um pouco de cada vez para fazer pequenas panquecas com cerca de 7,5 cm de largura. Frite até dourar por baixo, depois vire e doure do outro lado.

caranguejo com gengibre

para 4 pessoas

15 ml / 1 colher de sopa de óleo de amendoim
2 fatias de raiz de gengibre picadas
4 cebolinhas (cebolinhas), picadas
3 dentes de alho, esmagados
1 malagueta vermelha picada
350 g / 12 onças de carne de caranguejo, em flocos
2,5 ml / ½ colher de chá de pasta de peixe
2,5 ml / ½ colher de chá de óleo de gergelim
15 ml / 1 colher de sopa de vinho de arroz ou xerez seco
5 ml / 1 colher de chá de fubá (amido de milho)
15 ml / 1 colher de sopa de água

Aqueça o óleo e frite o gengibre, a cebolinha, o alho e a pimenta por 2 minutos. Adicione a carne de caranguejo e mexa até ficar bem revestida com os temperos. Adicione a pasta de peixe. Misture os demais ingredientes até obter uma pasta, depois mexa na panela e refogue por 1 minuto. Sirva na hora.

Caranguejo Lo Mein

para 4 pessoas

100g / 4oz brotos de feijão
30 ml / 2 colheres de sopa de óleo de amendoim
5 ml / 1 colher de chá de sal
1 cebola fatiada
100 g / 4 onças de cogumelos, fatiados
8 oz / 225g de carne de caranguejo, em flocos
100 g / 4 onças de brotos de bambu, fatiados
macarrão assado
30 ml / 2 colheres de sopa de molho de soja
5 ml / 1 colher de chá de açúcar
5 ml / 1 colher de chá de óleo de gergelim
sal e pimenta moída na hora

Escalde os brotos de feijão em água fervente por 5 minutos e depois escorra. Aqueça o óleo e frite o sal e a cebola até murchar. Adicione os cogumelos e frite até ficarem macios. Adicione a carne de siri e frite por 2 minutos. Adicione o broto de feijão e o broto de bambu e refogue por 1 minuto. Adicione o macarrão escorrido à panela e mexa delicadamente. Misture o molho de soja, o açúcar e o óleo de gergelim e tempere com sal e pimenta. Mexa na frigideira até aquecer.

Caranguejo salteado com carne de porco

para 4 pessoas

30 ml / 2 colheres de sopa de óleo de amendoim

100g / 4oz carne de porco picada (moída)

350 g / 12 onças de carne de caranguejo, em flocos

2 fatias de raiz de gengibre picadas

2 ovos, ligeiramente batidos

15 ml / 1 colher de sopa de molho de soja

15 ml / 1 colher de sopa de vinho de arroz ou xerez seco

30 ml / 2 colheres de sopa de água

sal e pimenta moída na hora

4 cebolinhas (cebolinhas), cortadas em tiras

Aqueça o óleo e frite a carne de porco até ficar com uma cor clara. Adicione a carne de siri e o gengibre e frite por 1 minuto. Adicione os ovos. Adicione o molho de soja, vinho ou xerez, água, sal e pimenta e cozinhe por cerca de 4 minutos, mexendo. Sirva decorado com cebolinha.

Carne de caranguejo frita

para 4 pessoas

30 ml / 2 colheres de sopa de óleo de amendoim
1 lb / 450g de carne de caranguejo, em flocos
2 cebolinhas (cebolinhas), picadas
2 fatias de raiz de gengibre picadas
30 ml / 2 colheres de sopa de molho de soja
30 ml / 2 colheres de sopa de vinho de arroz ou xerez seco
2,5 ml / ¬Ω colher de chá de sal
15 ml / 1 colher de sopa de fubá (amido de milho)
60 ml / 4 colheres de sopa de água

Aqueça o óleo e frite a carne de siri, a cebolinha e o gengibre por 1 minuto. Adicione o molho de soja, vinho ou xerez e sal, tampe e cozinhe por 3 minutos. Misture o fubá e a água em uma pasta, mexa na panela e cozinhe, mexendo, até o molho afinar e engrossar.

bolas de choco frito

para 4 pessoas

450 g / 1 libra choco
50g / 2 onças de banha, socada
1 clara de ovo
2,5 ml / ¬Ω colher de chá de açúcar
2,5 ml / ¬Ω colher de chá de amido de milho (amido de milho)
sal e pimenta moída na hora
óleo para fritar

Cortar o choco e esmagá-lo ou transformá-lo em polpa. Misture com a banha, a clara, o açúcar e o amido de milho e tempere com sal e pimenta. Pressione a mistura em pequenas bolas. Aqueça o óleo e frite as bolinhas de choco, às vezes se necessário, até que subam à superfície do óleo e fiquem douradas. Escorra bem e sirva na hora.

lagosta cantonesa

para 4 pessoas

2 lagostas

30 ml / 2 colheres de sopa de óleo

15 ml / 1 colher de sopa de molho de feijão preto

1 dente de alho amassado

1 cebola picada

225g / 8oz carne de porco picada (moída)

45 ml / 3 colheres de sopa de molho de soja

5 ml / 1 colher de chá de açúcar

sal e pimenta moída na hora

15 ml / 1 colher de sopa de fubá (amido de milho)

75 ml / 5 colheres de sopa de água

1 ovo batido

Abra as lagostas, retire a carne e corte em cubos de 2,5 cm. Aqueça o óleo e frite o molho de feijão preto, o alho e a cebola até dourar levemente. Adicione a carne de porco e frite até dourar. Adicione o molho de soja, açúcar, sal, pimenta e lagosta, tampe e cozinhe por cerca de 10 minutos. Misture o fubá e a água em uma pasta, mexa na panela e cozinhe, mexendo, até o molho afinar e engrossar. Desligue o fogo e acrescente o ovo antes de servir.

lagosta frita

para 4 pessoas

450 g / 1 lb carne de lagosta
30 ml / 2 colheres de sopa de molho de soja
5 ml / 1 colher de chá de açúcar
1 ovo batido
30 ml / 3 colheres de sopa de farinha de trigo (para todos os fins)
óleo para fritar

Corte a carne da lagosta em cubos de 2,5 cm / 1 e misture com o molho de soja e o açúcar. Deixe repousar 15 minutos e depois escorra. Bata o ovo e a farinha, depois acrescente a lagosta e misture bem para cobrir. Aqueça o óleo e frite a lagosta até dourar. Escorra em papel de cozinha antes de servir.

Lagosta ao vapor com presunto

para 4 pessoas

4 ovos, ligeiramente batidos
60 ml / 4 colheres de sopa de água
5 ml / 1 colher de chá de sal
15 ml / 1 colher de sopa de molho de soja
450 g / 1 lb de carne de lagosta, em flocos
15 ml / 1 colher de sopa de presunto picado
15 ml / 1 colher de sopa de salsa fresca picada

Bata os ovos com a água, o sal e o molho de soja. Despeje em um refratário e polvilhe com a carne de lagosta. Coloque a tigela em uma gradinha em uma panela a vapor, tampe e cozinhe por 20 minutos até que os ovos estejam firmes. Sirva decorado com presunto e salsa.

Lagosta com Cogumelos

para 4 pessoas

450 g / 1 lb carne de lagosta
15 ml / 1 colher de sopa de fubá (amido de milho)
60 ml / 4 colheres de sopa de água
30 ml / 2 colheres de sopa de óleo de amendoim
4 cebolinhas (cebolinhas), cortadas em fatias grossas
100 g / 4 onças de cogumelos, fatiados
2,5 ml / ½ colher de chá de sal
1 dente de alho amassado
30 ml / 2 colheres de sopa de molho de soja
15 ml / 1 colher de sopa de vinho de arroz ou xerez seco

Corte a carne da lagosta em cubos de 2,5 cm. Misture o fubá e a água até obter uma pasta e jogue os cubos de lagosta na mistura para cobrir. Aqueça metade do óleo e frite os cubos de lagosta até dourar levemente, retire da panela. Aqueça o óleo restante e frite as cebolinhas até dourar levemente. Adicione os cogumelos e frite por 3 minutos. Adicione o sal, alho, molho de soja e vinho ou xerez e cozinhe por 2 minutos. Retorne a lagosta à frigideira e refogue até aquecer.

Caudas de lagosta com carne de porco

para 4 pessoas

3 cogumelos chineses secos
4 caudas de lagosta
60 ml / 4 colheres de sopa de óleo de amendoim
100g / 4oz carne de porco picada (moída)
50g / 2 onças de castanhas de água, finamente picadas
sal e pimenta moída na hora
2 dentes de alho amassados
45 ml / 3 colheres de sopa de molho de soja
30 ml / 2 colheres de sopa de vinho de arroz ou xerez seco
30 ml / 2 colheres de sopa de molho de feijão preto
10 ml / 2 colheres (sopa) de fubá (maizena)
120 ml / 4 fl oz / ¬Ω xícara de água

Mergulhe os cogumelos em água morna por 30 minutos e depois escorra. Descarte os talos e pique os topos. Corte as caudas de lagosta ao meio no sentido do comprimento. Retire a carne das caudas de lagosta, reservando as cascas. Aqueça metade do óleo e frite a carne de porco até ficar clara. Retire do lume e misture os cogumelos, a carne de lagosta, as castanhas de água, o sal e a pimenta. Pressione a carne de volta nas cascas de lagosta e coloque em uma assadeira. Coloque em uma gradinha em uma panela a vapor, tampe e cozinhe por cerca de 20 minutos até ficar cozido. Enquanto isso, aqueça o restante do azeite e refogue o alho, o molho de soja, o vinho ou xerez e o molho de feijão preto por 2 minutos. Misture o fubá com a água até obter uma pasta, mexa na frigideira e cozinhe, mexendo, até o molho engrossar. Disponha a lagosta em uma travessa quente, regue com o molho e sirva imediatamente.

lagosta salteada

para 4 pessoas

450 g / 1 lb caudas de lagosta

30 ml / 2 colheres de sopa de óleo de amendoim

1 dente de alho amassado

2,5 ml / ¬Ω colher de chá de sal

350g / 12oz brotos de feijão

50g / 2 onças de cogumelos

4 cebolinhas (cebolinhas), cortadas em fatias grossas

150 ml / ¬° pt / generosa ¬Ω xícara de caldo de galinha

15 ml / 1 colher de sopa de fubá (amido de milho)

Leve uma panela com água para ferver, adicione as caudas de lagosta e ferva por 1 minuto. Escorra, deixe esfriar, descasque e corte em fatias grossas. Aqueça o azeite com o alho e o sal e frite até o alho dourar levemente. Adicione a lagosta e frite por 1 minuto. Adicione os brotos de feijão e os cogumelos e frite por 1 minuto. Adicione a cebolinha. Adicione a maior parte do caldo, deixe ferver, tampe e cozinhe por 3 minutos. Misture o fubá com o caldo restante, mexa na frigideira e cozinhe, mexendo, até o molho afinar e engrossar.

ninhos de lagosta

para 4 pessoas

30 ml / 2 colheres de sopa de óleo de amendoim

5 ml / 1 colher de chá de sal

1 cebola, em fatias finas

100 g / 4 onças de cogumelos, fatiados

4 onças / 100 g de brotos de bambu, fatiados 8 onças / 225 g de carne de lagosta cozida

15 ml / 1 colher de sopa de vinho de arroz ou xerez seco

120 ml / 4 fl oz / ¬Ω xícara de caldo de galinha

pitada de pimenta moída na hora

10 ml / 2 colheres de chá de fubá (amido de milho)

15 ml / 1 colher de sopa de água
4 cestos de macarrão

Aqueça o óleo e frite o sal e a cebola até murchar. Adicione os cogumelos e brotos de bambu e frite por 2 minutos. Adicione a carne de lagosta, vinho ou xerez e o caldo, deixe ferver, tampe e cozinhe por 2 minutos. Tempere com pimenta. Misture o fubá e a água em uma pasta, mexa na panela e cozinhe, mexendo, até o molho engrossar. Arrume os ninhos de macarrão em um prato de servir quente e cubra com a lagosta salteada.

Mexilhões em molho de feijão preto

para 4 pessoas
45 ml / 3 colheres de sopa de óleo de amendoim (amendoim)
2 dentes de alho amassados
2 fatias de raiz de gengibre picadas
30 ml / 2 colheres de sopa de molho de feijão preto
15 ml / 1 colher de sopa de molho de soja
1,5 kg / 3 lb mexilhões, lavados e barbudos
2 cebolinhas (cebolinhas), picadas

Aqueça o óleo e frite o alho e o gengibre por 30 segundos. Adicione o molho de feijão preto e o molho de soja e frite por 10 segundos. Adicione os mexilhões, tampe e cozinhe por cerca de 6 minutos até que os mexilhões abram. Descarte os que permanecerem fechados. Transfira para uma travessa quente e sirva polvilhado com cebolinha.

mexilhões com gengibre

para 4 pessoas

45 ml / 3 colheres de sopa de óleo de amendoim (amendoim)
2 dentes de alho amassados
4 fatias de raiz de gengibre picadas
1,5 kg / 3 lb mexilhões, lavados e barbudos
45 ml / 3 colheres de sopa de água
15 ml / 1 colher de sopa de molho de ostra

Aqueça o óleo e frite o alho e o gengibre por 30 segundos. Adicione os mexilhões e a água, tampe e cozinhe por cerca de 6 minutos até os mexilhões abrirem. Descarte os que permanecerem fechados. Transfira para uma travessa quente e sirva polvilhado com molho de ostra.

Mexilhões ao vapor

para 4 pessoas

1,5 kg / 3 lb mexilhões, lavados e barbudos
45 ml / 3 colheres de sopa de molho de soja
3 cebolinhas (cebolinhas), bem picadas

Coloque os mexilhões em uma grelha em uma panela a vapor, tampe e cozinhe em água fervente por cerca de 10 minutos até que todos os mexilhões estejam abertos. Descarte os que permanecerem fechados. Transfira para um prato quente e sirva polvilhado com molho de soja e cebolinha.

ostras fritas

para 4 pessoas

24 ostras descascadas
sal e pimenta moída na hora
1 ovo batido
50 g / 2 oz / ¬Ω xícara de farinha simples (para todos os fins)
250 ml / 8 fl oz / 1 xícara de água
óleo para fritar
4 cebolinhas (cebolinhas), picadas

Polvilhe as ostras com sal e pimenta. Bata o ovo com a farinha e a água até formar uma massa e use para cobrir as ostras. Aqueça o óleo e frite as ostras até dourar. Escorra em papel de cozinha e sirva decorado com cebolinho.

ostras com bacon

para 4 pessoas

175g / 6 onças de bacon
24 ostras descascadas
1 ovo, levemente batido
15 ml / 1 colher de sopa de água
45 ml / 3 colheres de sopa de óleo de amendoim (amendoim)
2 cebolas picadas
15 ml / 1 colher de sopa de fubá (amido de milho)
15 ml / 1 colher de sopa de molho de soja
90 ml / 6 colheres de sopa de caldo de galinha

Corte o bacon em pedaços e enrole um pedaço em cada ostra. Bata o ovo com a água e mergulhe-o nas ostras para cobrir. Aqueça metade do óleo e frite as ostras até dourar levemente dos dois lados, retire da panela e escorra a gordura. Aqueça o óleo restante e frite as cebolas até ficarem macias. Misture o fubá, o molho de soja e o caldo até formar uma pasta, despeje na panela e cozinhe, mexendo, até o molho afinar e engrossar. Despeje sobre as ostras e sirva imediatamente.

Ostras fritas com gengibre

para 4 pessoas
24 ostras descascadas
2 fatias de raiz de gengibre picadas
30 ml / 2 colheres de sopa de molho de soja
15 ml / 1 colher de sopa de vinho de arroz ou xerez seco
4 cebolinhas (cebolinhas), cortadas em tiras
100g de bacon
1 ovo
50 g / 2 oz / ¬Ω xícara de farinha simples (para todos os fins)
sal e pimenta moída na hora
óleo para fritar
1 limão cortado em rodelas

Coloque as ostras em uma tigela com o gengibre, o molho de soja e o vinho ou xerez e misture bem. Deixe descansar 30 minutos. Coloque algumas tiras de cebolinha em cima de cada ostra. Corte o bacon em pedaços e enrole um pedaço em cada ostra. Bata o ovo e a farinha até formar uma massa e tempere com sal e pimenta. Mergulhe as ostras na massa até ficarem bem cobertas. Aqueça o óleo e frite as ostras até dourar. Sirva decorado com rodelas de limão.

Ostras com Molho de Feijão Preto

para 4 pessoas

350g / 12 onças de ostras descascadas
120 ml / 4 fl oz / ¬Ω xícara de óleo de amendoim
2 dentes de alho amassados
3 cebolinhas (cebolinhas), fatiadas
15 ml / 1 colher de sopa de molho de feijão preto
30 ml / 2 colheres de sopa de molho de soja escuro
15 ml / 1 colher de sopa de óleo de gergelim
pitada de pimenta em pó

Escalde as ostras em água fervente por 30 segundos e depois escorra. Aqueça o óleo e frite o alho e a cebolinha por 30 segundos. Adicione o molho de feijão preto, molho de soja, óleo de gergelim e ostras e tempere a gosto com pimenta em pó. Refogue até ficar bem quente e sirva imediatamente.

Vieiras com brotos de bambu

para 4 pessoas

60 ml / 4 colheres de sopa de óleo de amendoim

6 cebolinhas (cebolinhas), picadas

225 g / 8 onças de cogumelos, cortados em quartos

15ml / 1 colher de sopa de açúcar

450 g / 1 libra de vieiras sem casca

2 fatias de raiz de gengibre picadas

225 g / 8 onças de brotos de bambu, fatiados

sal e pimenta moída na hora

300 ml / ¬Ω pt / 1 ¬º xícaras de água

30 ml / 2 colheres de sopa de vinagre de vinho

30 ml / 2 colheres (sopa) de fubá (maizena)

150 ml / ¬º pt / generoso ¬Ω xícara de água

45 ml / 3 colheres de sopa de molho de soja

Aqueça o óleo e frite as cebolinhas e os cogumelos por 2 minutos. Adicione o açúcar, as vieiras, o gengibre, o broto de bambu, o sal e a pimenta, tampe e cozinhe por 5 minutos. Adicione a água e o vinagre de vinho, deixe ferver, tampe e cozinhe por 5 minutos. Misture o fubá e a água em uma pasta, mexa na panela e cozinhe, mexendo, até o molho engrossar. Tempere com molho de soja e sirva.

vieiras com ovo

para 4 pessoas

45 ml / 3 colheres de sopa de óleo de amendoim (amendoim)
350 g / 12 onças de vieiras sem casca
25g / 1oz presunto defumado, picado
30 ml / 2 colheres de sopa de vinho de arroz ou xerez seco
5 ml / 1 colher de chá de açúcar
2,5 ml / ¬Ω colher de chá de sal
pitada de pimenta moída na hora
2 ovos, ligeiramente batidos
15 ml / 1 colher de sopa de molho de soja

Aqueça o óleo e frite as vieiras por 30 segundos. Adicione o presunto e frite por 1 minuto. Adicione o vinho ou xerez, açúcar, sal e pimenta e cozinhe por 1 minuto. Adicione os ovos e mexa delicadamente em fogo alto até que os ingredientes estejam bem cobertos com o ovo. Sirva polvilhado com molho de soja.

vieiras com brócolis

para 4 pessoas

12 onças / 350 g de vieiras, fatiadas

3 fatias de raiz de gengibre picadas

¬Ω cenoura pequena fatiada

1 dente de alho amassado

45 ml / 3 colheres de sopa de farinha de trigo (para todos os fins)

2,5 ml / ¬Ω colher de chá de bicarbonato de sódio (bicarbonato de sódio)

30 ml / 2 colheres de sopa de óleo de amendoim

15 ml / 1 colher de sopa de água

1 banana fatiada

óleo para fritar

275g / 10oz brócolis

sal

5 ml / 1 colher de chá de óleo de gergelim

2,5 ml / ¬Ω colher de chá de molho de pimenta

2,5 ml / ¬Ω colher de chá de vinagre de vinho

2,5 ml / ¬Ω colher de chá de purê de tomate (pasta)

Misture as vieiras com o gengibre, a cenoura e o alho e deixe repousar. Misture a farinha, o bicarbonato de sódio, 15ml / 1 colher de sopa de óleo e água em uma pasta e use para cobrir as fatias de banana. Aqueça o óleo e frite a banana até dourar, depois escorra e arrume em um prato quente. Enquanto isso, cozinhe o brócolis em água fervente com sal até ficar macio e depois escorra. Aqueça o azeite restante com o óleo de gergelim e frite os brócolis brevemente, depois disponha-os no prato com as bananas. Adicione o molho de pimenta, o vinagre de vinho e o purê de tomate na panela e frite as vieiras até ficarem cozidas. Despeje na travessa e sirva imediatamente.

vieiras com gengibre

para 4 pessoas

45 ml / 3 colheres de sopa de óleo de amendoim (amendoim)
2,5 ml / ½ colher de chá de sal
3 fatias de raiz de gengibre picadas
2 cebolinhas (cebolinhas), cortadas em fatias grossas
450 g / 1 lb de vieiras sem casca, cortadas ao meio
15 ml / 1 colher de sopa de fubá (amido de milho)
60 ml / 4 colheres de sopa de água

Aqueça o óleo e frite o sal e o gengibre por 30 segundos. Adicione a cebolinha e refogue até dourar levemente. Adicione as vieiras e frite por 3 minutos. Misture a farinha de milho e a água em uma pasta, adicione à frigideira e cozinhe, mexendo, até engrossar. Sirva na hora.

vieiras com presunto

para 4 pessoas

450 g / 1 lb de vieiras sem casca, cortadas ao meio
250 ml / 8 fl oz / 1 xícara de vinho de arroz ou xerez seco
1 cebola finamente picada
2 fatias de raiz de gengibre picadas
2,5 ml / ½ colher de chá de sal
100g / 4oz presunto defumado, picado

Coloque as vieiras em uma tigela e adicione o vinho ou xerez. Cubra e deixe marinar por 30 minutos, virando de vez em quando, depois escorra as vieiras e descarte a marinada. Coloque as vieiras em um refratário com o restante dos ingredientes. Coloque o prato em uma grade em um vaporizador, tampe e cozinhe em água fervente por cerca de 6 minutos até que as vieiras estejam macias.

Vieiras mexidas com ervas

para 4 pessoas

225 g / 8 onças de vieiras sem casca
30 ml / 2 colheres de sopa de coentros frescos picados
4 ovos batidos
15 ml / 1 colher de sopa de vinho de arroz ou xerez seco
sal e pimenta moída na hora
15 ml / 1 colher de sopa de óleo de amendoim

Coloque as vieiras em uma panela a vapor e cozinhe por cerca de 3 minutos até ficarem cozidas, dependendo do tamanho. Retire do vapor e polvilhe com coentro. Bata os ovos com o vinho ou xerez e tempere a gosto com sal e pimenta. Adicione as vieiras e o coentro. Aqueça o óleo e frite a mistura de vieiras e ovos, mexendo sempre, até que os ovos estejam firmes. Sirva imediatamente.

Vieiras Salteadas e Cebola

para 4 pessoas

45 ml / 3 colheres de sopa de óleo de amendoim (amendoim)
1 cebola fatiada
450 g / 1 lb de vieiras sem casca, cortadas em quartos
sal e pimenta moída na hora
15 ml / 1 colher de sopa de vinho de arroz ou xerez seco

Aqueça o óleo e frite a cebola até murchar. Adicione as vieiras e frite até dourar levemente. Tempere com sal e pimenta, polvilhe com vinho ou xerez e sirva imediatamente.

vieiras com legumes

para 4'6

4 cogumelos chineses secos
2 cebolas
30 ml / 2 colheres de sopa de óleo de amendoim
3 talos de aipo, cortados na diagonal
8 oz / 225 g de feijão verde, cortado na diagonal
10 ml / 2 colheres de chá de raiz de gengibre ralada
1 dente de alho amassado
20 ml / 4 colheres de chá de fubá (amido de milho)
250 ml / 8 fl oz / 1 xícara de caldo de galinha
30 ml / 2 colheres de sopa de vinho de arroz ou xerez seco
30 ml / 2 colheres de sopa de molho de soja
450 g / 1 lb de vieiras sem casca, cortadas em quartos
6 cebolinhas (cebolinhas), fatiadas
425 g / 15 oz milho enlatado na espiga

Mergulhe os cogumelos em água morna por 30 minutos e depois escorra. Descarte os talos e corte as pontas. Corte as cebolas em rodelas e separe as camadas. Aqueça o azeite e frite a cebola, o aipo, o feijão, o gengibre e o alho por 3 minutos. Misture a farinha de milho com um pouco de caldo, depois misture com o caldo restante, vinho ou xerez e molho de soja. Adicione ao wok e deixe ferver, mexendo. Adicione os cogumelos, vieiras, cebolinha e milho e refogue por cerca de 5 minutos até que as vieiras estejam macias.

Vieiras com Pimentos

para 4 pessoas

30 ml / 2 colheres de sopa de óleo de amendoim
3 cebolinhas (cebolinhas), picadas
1 dente de alho amassado
2 fatias de raiz de gengibre picadas
2 pimentões vermelhos cortados em cubos
450 g / 1 libra de vieiras sem casca
30 ml / 2 colheres de sopa de vinho de arroz ou xerez seco
15 ml / 1 colher de sopa de molho de soja
15 ml / 1 colher de sopa de molho de feijão amarelo
5 ml / 1 colher de chá de açúcar
5 ml / 1 colher de chá de óleo de gergelim

Aqueça o óleo e frite a cebolinha, o alho e o gengibre por 30 segundos. Adicione os pimentões e frite por 1 minuto. Adicione as vieiras e refogue por 30 segundos, depois acrescente os demais ingredientes e cozinhe por cerca de 3 minutos até que as vieiras estejam macias.

Camarão com broto de feijão

para 4 pessoas

450 g / 1 libra de lula

30 ml / 2 colheres de sopa de óleo de amendoim

15 ml / 1 colher de sopa de vinho de arroz ou xerez seco

100g / 4oz brotos de feijão

15 ml / 1 colher de sopa de molho de soja

sal

1 malagueta vermelha, ralada

2 fatias de raiz de gengibre, raladas

2 cebolinhas (cebolinhas), raladas

Retire a cabeça, tripas e membrana da lula e corte em pedaços grandes. Corte um padrão cruzado em cada peça. Leve uma panela com água para ferver, acrescente a lula e cozinhe em fogo baixo até que os pedaços enrolem, retire e escorra. Aqueça metade do óleo e frite as lulas rapidamente. Polvilhe com vinho ou xerez. Enquanto isso, aqueça o restante do azeite e refogue os brotos de feijão até ficarem macios. Tempere com molho de soja e sal. Disponha a pimenta, o gengibre e a cebolinha em um prato de servir. Empilhe os brotos de feijão no centro e cubra com a lula. Sirva na hora.

lulas fritas

para 4 pessoas

50g / 2 onças de farinha simples (para todos os fins)
25 g / 1 oz / ¬° xícara de amido de milho (amido de milho)
2,5 ml / ¬Ω colher de chá de fermento em pó
2,5 ml / ¬Ω colher de chá de sal
1 ovo
75 ml / 5 colheres de sopa de água
15 ml / 1 colher de sopa de óleo de amendoim
450 g / 1 lb lula, cortada em rodelas
óleo para fritar

Misture a farinha, o amido de milho, o fermento, o sal, o ovo, a água e o óleo até formar uma massa. Mergulhe a lula na massa até ficar bem revestida. Aqueça o óleo e frite as lulas, alguns pedaços de cada vez, até dourar. Escorra em papel de cozinha antes de servir.

pacotes de lula

para 4 pessoas

8 cogumelos chineses secos

450 g / 1 libra de lula

100g / 4oz presunto defumado

100g / 4 onças de tofu

1 ovo batido

15 ml / 1 colher de sopa de farinha de trigo (para todos os fins)

2,5 ml / ¬Ω colher de chá de açúcar

2,5 ml / ¬Ω colher de chá de óleo de gergelim

sal e pimenta moída na hora

8 peles wonton

óleo para fritar

Mergulhe os cogumelos em água morna por 30 minutos e depois escorra. Descarte os talos. Apare a lula e corte em 8 pedaços. Corte o presunto e o tofu em 8 pedaços. Coloque todos em uma tigela. Misture o ovo com a farinha, o açúcar, o óleo de gergelim, o sal e a pimenta. Despeje os ingredientes na tigela e misture delicadamente. Coloque uma tampa de cogumelo e um pedaço de lula, presunto e tofu logo abaixo do centro de cada pele wonton. Dobre no canto inferior, dobre nas laterais e enrole, umedecendo as bordas com água para selar. Aqueça o óleo e frite os caroços por cerca de 8 minutos até dourar. Escorra bem antes de servir.

rolos de lula frita

para 4 pessoas

45 ml / 3 colheres de sopa de óleo de amendoim (amendoim)
225 g / 8 oz anéis de lula
1 pimentão verde grande, cortado em pedaços
100 g / 4 onças de brotos de bambu, fatiados
2 cebolinhas (cebolinhas), finamente picadas
1 fatia de raiz de gengibre, finamente picada
45 ml / 2 colheres de sopa de molho de soja
30 ml / 2 colheres de sopa de vinho de arroz ou xerez seco
15 ml / 1 colher de sopa de fubá (amido de milho)
15 ml / 1 colher de sopa de caldo de peixe ou água
5 ml / 1 colher de chá de açúcar
5 ml / 1 colher de chá de vinagre de vinho
5 ml / 1 colher de chá de óleo de gergelim
sal e pimenta moída na hora

Aqueça 15 ml / 1 colher de sopa de óleo e frite rapidamente a lula até dourar bem. Enquanto isso, aqueça o restante do óleo em uma panela separada e frite o pimentão, o broto de bambu, a cebolinha e o gengibre por 2 minutos. Adicione a lula e frite por 1 minuto. Adicione o molho de soja, vinho ou xerez, fubá, caldo, açúcar, vinagre de vinho e óleo de gergelim e tempere com sal e pimenta. Refogue até o molho clarear e engrossar.

lula salteada

para 4 pessoas

45 ml / 3 colheres de sopa de óleo de amendoim (amendoim)
3 cebolinhas (cebolinha), cortadas em fatias grossas
2 fatias de raiz de gengibre picadas
450 g / 1 lb lula, cortada em pedaços
15 ml / 1 colher de sopa de molho de soja
15 ml / 1 colher de sopa de vinho de arroz ou xerez seco
5 ml / 1 colher de chá de fubá (amido de milho)
15 ml / 1 colher de sopa de água

Aqueça o óleo e frite a cebolinha e o gengibre até ficarem macios. Adicione a lula e frite até ficar coberta de óleo. Adicione o molho de soja e vinho ou xerez, tampe e cozinhe por 2 minutos. Misture o fubá com a água até formar uma pasta, acrescente à panela e cozinhe em fogo baixo, mexendo, até o molho engrossar e a lula ficar macia.

Lulas com Cogumelos Secos

para 4 pessoas

50g / 2 onças de cogumelos chineses secos
450 g / 1 libra anéis de lula
45 ml / 3 colheres de sopa de óleo de amendoim (amendoim)
45 ml / 3 colheres de sopa de molho de soja
2 cebolinhas (cebolinhas), finamente picadas
1 fatia de raiz de gengibre, picada
225 g / 8 onças de brotos de bambu, cortados em tiras
30 ml / 2 colheres (sopa) de fubá (maizena)
150 ml / ¬° pt / generosa ¬Ω xícara de caldo de peixe

Mergulhe os cogumelos em água morna por 30 minutos e depois escorra. Descarte os talos e corte as pontas. Escalde as lulas por alguns segundos em água fervente. Aqueça o azeite, acrescente os cogumelos, o molho de soja, a cebolinha e o gengibre e refogue por 2 minutos. Adicione a lula e os brotos de bambu e frite por 2 minutos. Misture o fubá e o caldo e mexa na frigideira. Cozinhe em fogo baixo, mexendo, até o molho afinar e engrossar.

Lula com Legumes

para 4 pessoas

45 ml / 3 colheres de sopa de óleo de amendoim (amendoim)

1 cebola fatiada

5 ml / 1 colher de chá de sal

450 g / 1 lb lula, cortada em pedaços

100 g / 4 onças de brotos de bambu, fatiados

2 talos de aipo, cortados na diagonal

60 ml / 4 colheres de sopa de caldo de galinha

5 ml / 1 colher de chá de açúcar

100 g / 4 oz ervilhas

5 ml / 1 colher de chá de fubá (amido de milho)

15 ml / 1 colher de sopa de água

Aqueça o óleo e frite a cebola e o sal até dourar levemente. Adicione as lulas e frite até que estejam banhadas em óleo. Adicione os brotos de bambu e o aipo e frite por 3 minutos. Adicione o caldo e o açúcar, deixe ferver, tampe e cozinhe por 3 minutos até que os legumes estejam macios. Adicione o mangetout. Misture o fubá e a água em uma pasta, mexa na panela e cozinhe, mexendo, até o molho engrossar.

Carne guisada com anis

para 4 pessoas

30 ml / 2 colheres de sopa de óleo de amendoim
450g / 1lb bife de filé
1 dente de alho amassado
45 ml / 3 colheres de sopa de molho de soja
15 ml / 1 colher de sopa de água
15 ml / 1 colher de sopa de vinho de arroz ou xerez seco
5 ml / 1 colher de chá de sal
5 ml / 1 colher de chá de açúcar
2 cravos-da-índia de anis estrelado

Aqueça o óleo e frite a carne até dourar de todos os lados. Adicione os ingredientes restantes, leve para ferver, tampe e cozinhe por cerca de 45 minutos, depois vire a carne, adicionando um pouco mais de água e molho de soja se a carne estiver secando. Cozinhe por mais 45 minutos até a carne ficar macia. Descarte o anis estrelado antes de servir.

Vitela com Espargos

para 4 pessoas

450 g / 1 libra de filé mignon, em cubos
30 ml / 2 colheres de sopa de molho de soja

30 ml / 2 colheres de sopa de vinho de arroz ou xerez seco
45 ml / 3 colheres (sopa) de fubá (maizena)
45 ml / 3 colheres de sopa de óleo de amendoim (amendoim)
5 ml / 1 colher de chá de sal
1 dente de alho amassado
350 g / 12 oz pontas de aspargos
120 ml / 4 fl oz / ¬Ω xícara de caldo de galinha
15 ml / 1 colher de sopa de molho de soja

Coloque o bife em uma tigela. Misture o molho de soja, vinho ou xerez e 30ml / 2 colheres de fubá, despeje sobre o bife e mexa bem. Deixe macerar por 30 minutos. Aqueça o azeite com o sal e o alho e frite até o alho dourar levemente. Adicione a carne e a marinada e frite por 4 minutos. Adicione os aspargos e frite delicadamente por 2 minutos. Adicione o caldo e o molho de soja, deixe ferver e cozinhe, mexendo, por 3 minutos até que a carne esteja cozida. Misture o fubá restante com um pouco mais de água ou caldo e misture ao molho. Cozinhe, mexendo, por alguns minutos até o molho afinar e engrossar.

Carne com Brotos de Bambu

para 4 pessoas

45 ml / 3 colheres de sopa de óleo de amendoim (amendoim)
1 dente de alho amassado

1 cebolinha (cebolinha), picada
1 fatia de raiz de gengibre, picada
8 oz / 225 g de carne magra, cortada em tiras
100 g / 4 onças de brotos de bambu
45 ml / 3 colheres de sopa de molho de soja
15 ml / 1 colher de sopa de vinho de arroz ou xerez seco
5 ml / 1 colher de chá de fubá (amido de milho)

Aqueça o azeite e frite o alho, a cebolinha e o gengibre até dourar levemente. Adicione a carne e frite por 4 minutos até dourar levemente. Adicione os brotos de bambu e frite por 3 minutos. Adicione o molho de soja, vinho ou xerez e amido de milho e cozinhe por 4 minutos.

Carne com Brotos de Bambu e Cogumelos

para 4 pessoas

225g / 8 onças de carne magra
45 ml / 3 colheres de sopa de óleo de amendoim (amendoim)
1 fatia de raiz de gengibre, picada

100 g / 4 onças de brotos de bambu, fatiados
100 g / 4 onças de cogumelos, fatiados
45 ml / 3 colheres de sopa de vinho de arroz ou xerez seco
5 ml / 1 colher de chá de açúcar
10 ml / 2 colheres de chá de molho de soja
sal e pimenta
120 ml / 4 fl oz / ¬Ω xícara de caldo de carne
15 ml / 1 colher de sopa de fubá (amido de milho)
30 ml / 2 colheres de sopa de água

Corte a carne em fatias finas contra o grão. Aqueça o óleo e frite o gengibre por alguns segundos. Adicione a carne e refogue até dourar. Adicione os brotos de bambu e os cogumelos e frite por 1 minuto. Adicione o vinho ou xerez, o açúcar e o molho de soja e tempere com sal e pimenta. Adicione o caldo, deixe ferver, tampe e cozinhe por 3 minutos. Misture o fubá com a água, coloque na panela e cozinhe, mexendo, até o molho engrossar.

Carne Assada Chinesa

para 4 pessoas
45 ml / 3 colheres de sopa de óleo de amendoim (amendoim)
900 g / 2 libras bife de ribeye
1 cebolinha (cebolinha), fatiada
1 dente de alho picado

1 fatia de raiz de gengibre, picada

60 ml / 4 colheres de sopa de molho de soja

30 ml / 2 colheres de sopa de vinho de arroz ou xerez seco

5 ml / 1 colher de chá de açúcar

5 ml / 1 colher de chá de sal

pitada de pimenta

750 ml / 1º passo / 3 xícaras de água fervente

Aqueça o óleo e doure rapidamente a carne de todos os lados. Adicione a cebolinha, alho, gengibre, molho de soja, vinho ou xerez, açúcar, sal e pimenta. Deixe ferver, mexendo. Adicione a água fervente, volte a ferver, mexendo, tampe e cozinhe por cerca de 2 horas até que a carne esteja macia.

Vitela com Broto de Feijão

para 4 pessoas

450 g / 1 lb de carne magra, fatiada

1 clara de ovo

30 ml / 2 colheres de sopa de óleo de amendoim

15 ml / 1 colher de sopa de fubá (amido de milho)

15 ml / 1 colher de sopa de molho de soja

100g / 4oz brotos de feijão

1 oz / 25g de repolho em conserva, picado

1 malagueta vermelha, ralada

2 cebolinhas (cebolinhas), raladas
2 fatias de raiz de gengibre, raladas
sal
5 ml / 1 colher de chá de molho de ostra
5 ml / 1 colher de chá de óleo de gergelim

Misture a carne com a clara, metade do óleo, o amido de milho e o molho de soja e deixe descansar por 30 minutos. Escalde os brotos de feijão em água fervente por cerca de 8 minutos até ficarem quase macios e depois escorra. Aqueça o óleo restante e refogue a carne até dourar levemente, depois retire da panela. Adicione o repolho em conserva, pimenta, gengibre, sal, molho de ostra e óleo de gergelim e frite por 2 minutos. Adicione os brotos de feijão e frite por 2 minutos. Retorne a carne à frigideira e refogue até ficar bem misturado e aquecido. Sirva na hora.

carne com brócolis

para 4 pessoas

450g / 1 libra de bife do lombo, em fatias finas

30 ml / 2 colheres (sopa) de fubá (maizena)
15 ml / 1 colher de sopa de vinho de arroz ou xerez seco
15 ml / 1 colher de sopa de molho de soja
30 ml / 2 colheres de sopa de óleo de amendoim
5 ml / 1 colher de chá de sal
1 dente de alho amassado
225 g / 8 oz floretes de brócolis
150 ml / ¬° pt / generosa ¬Ω xícara de caldo de carne

Coloque o bife em uma tigela. Misture 15 ml / 1 colher de fubá com o vinho ou xerez e o molho de soja, acrescente à carne e deixe marinar por 30 minutos. Aqueça o azeite com o sal e o alho e frite até o alho dourar levemente. Adicione o bife e a marinada e cozinhe por 4 minutos. Adicione o brócolis e frite por 3 minutos. Adicione o caldo, deixe ferver, tampe e cozinhe por 5 minutos até que o brócolis esteja macio, mas ainda crocante. Misture o fubá restante com um pouco de água e misture ao molho. Cozinhe em fogo baixo, mexendo até o molho afinar e engrossar.

Carne com sementes de gergelim com brócolis

para 4 pessoas

150g / 5oz de carne magra, em fatias finas
2,5 ml / ¬Ω colher de chá de molho de ostra
5 ml / 1 colher de chá de fubá (amido de milho)
5 ml / 1 colher de chá de vinagre de vinho branco
60 ml / 4 colheres de sopa de óleo de amendoim
100g / 4oz floretes de brócolis
5 ml / 1 colher de chá de molho de peixe
2,5 ml / ¬Ω colher de chá de molho de soja
250 ml / 8 fl oz / 1 xícara de caldo de carne
30 ml / 2 colheres de sopa de sementes de gergelim

Marinar a carne com o molho de ostra, 2,5 ml / ¬Ω colher de fubá, 2,5 ml / ¬Ω colher de vinagre de vinho e 15 ml / 1 colher de sopa de óleo por 1 hora.

Enquanto isso, aqueça 15ml / 1 colher de sopa de óleo, adicione brócolis, 2,5ml / ¬Ωtsp de molho de peixe, molho de soja e vinagre de vinho restante e cubra com água fervente. Cozinhe em fogo baixo por cerca de 10 minutos até ficar macio.

Aqueça 30 ml / 2 colheres de sopa de óleo em uma panela separada e frite a carne brevemente até dourar. Adicione o caldo, a farinha de milho restante e o molho de peixe, deixe ferver, tampe e cozinhe por cerca de 10 minutos até que a carne esteja macia. Escorra o brócolis e coloque em um prato quente. Cubra com carne e polvilhe generosamente com sementes de gergelim.

Carne assada

para 4 pessoas

450 g / 1 libra de bife magro, fatiado
60 ml / 4 colheres de sopa de molho de soja
2 dentes de alho amassados
5 ml / 1 colher de chá de sal
2,5 ml / ¬Ω colher de chá de pimenta moída na hora
10 ml / 2 colheres de chá de açúcar

Misture todos os ingredientes e deixe macerar por 3 horas. Grelhe ou grelhe (asse) em uma grelha quente por cerca de 5 minutos de cada lado.

carne cantonesa

para 4 pessoas

30 ml / 2 colheres (sopa) de fubá (maizena)
2 claras de ovo batidas
450 g / 1 libra de bife, cortado em tiras
óleo para fritar
4 talos de aipo, fatiados
2 cebolas fatiadas
60 ml / 4 colheres de sopa de água
20 ml / 4 colheres de chá de sal
75 ml / 5 colheres de sopa de molho de soja
60 ml / 4 colheres de sopa de vinho de arroz ou xerez seco
30 ml / 2 colheres de sopa de açúcar

pimenta moída na hora

Misture metade do amido de milho com as claras. Adicione o bife e misture para revestir a carne com a massa. Aqueça o óleo e frite o bife até dourar. Retire da panela e escorra em papel de cozinha. Aqueça 15 ml / 1 colher de sopa de óleo e frite o aipo e a cebola por 3 minutos. Adicione a carne, água, sal, molho de soja, vinho ou xerez e açúcar e tempere com pimenta. Deixe ferver e cozinhe, mexendo, até o molho engrossar.

Carne com Cenouras

para 4 pessoas

30 ml / 2 colheres de sopa de óleo de amendoim
450 g / 1 lb de carne magra, em cubos
2 cebolinhas (cebolinhas), fatiadas
2 dentes de alho amassados
1 fatia de raiz de gengibre, picada
250 ml / 8 fl oz / 1 xícara de molho de soja
30 ml / 2 colheres de sopa de vinho de arroz ou xerez seco
30 ml / 2 colheres de sopa de açúcar mascavo
5 ml / 1 colher de chá de sal
600 ml / 1 pt / 2 Ω xícaras de água
4 cenouras cortadas na diagonal

Aqueça o óleo e frite a carne até dourar levemente. Escorra o excesso de óleo e acrescente a cebolinha, o alho, o gengibre e o anis frito por 2 minutos. Adicione o molho de soja, vinho ou xerez, açúcar e sal e misture bem. Adicione a água, deixe ferver, tampe e cozinhe por 1 hora. Adicione as cenouras, tampe e cozinhe por mais 30 minutos. Retire a tampa e cozinhe até o molho reduzir.

Carne com Castanha de Caju

para 4 pessoas

60 ml / 4 colheres de sopa de óleo de amendoim
450g / 1 libra de bife do lombo, em fatias finas
8 cebolinhas (cebolinhas), cortadas em pedaços
2 dentes de alho amassados
1 fatia de raiz de gengibre, picada
75 g / 3 oz / ¬œ xícara de castanha de caju torrada
120 ml / 4 fl oz / ¬Ω xícara de água
20 ml / 4 colheres de chá de fubá (amido de milho)
20 ml / 4 colheres de chá de molho de soja
5 ml / 1 colher de chá de óleo de gergelim
5 ml / 1 colher de chá de molho de ostra
5 ml / 1 colher de chá de molho de pimenta

Aqueça metade do óleo e frite a carne até dourar levemente. Retire da panela. Aqueça o óleo restante e frite a cebolinha, o alho, o gengibre e as castanhas de caju por 1 minuto. Devolva a carne à frigideira. Misture os ingredientes restantes e mexa a mistura na panela. Leve ao fogo e cozinhe, mexendo, até a mistura engrossar.

Caçarola de carne de cozimento lento

para 4 pessoas

30 ml / 2 colheres de sopa de óleo de amendoim
450 g / 1 lb carne ensopada, em cubos
3 fatias de raiz de gengibre picadas
3 cenouras fatiadas
1 nabo em cubos
15 ml / 1 colher de sopa de tâmaras pretas sem caroço
15 ml / 1 colher de sopa de sementes de lótus
30 ml / 2 colheres (sopa) de extrato de tomate (pasta)
10 ml / 2 colheres de sopa de sal
900 ml / 1¬Ω pts / 3¬œ xícaras de caldo de carne
250 ml / 8 fl oz / 1 xícara de vinho de arroz ou xerez seco

Aqueça o óleo em uma panela ou frigideira grande à prova de fogo e frite a carne até dourar por todos os lados.

Vitela com Couve-flor

para 4 pessoas

225 g / 8 onças floretes de couve-flor
óleo para fritar
225g / 8 onças de carne bovina, cortada em tiras
50g / 2oz brotos de bambu, cortados em tiras
10 castanhas d'água, cortadas em tiras
120 ml / 4 fl oz / ½ xícara de caldo de galinha
15 ml / 1 colher de sopa de molho de soja
15 ml / 1 colher de sopa de molho de ostra
15 ml / 1 colher (sopa) de extrato de tomate (pasta)
15 ml / 1 colher de sopa de fubá (amido de milho)
2,5 ml / ½ colher de chá de óleo de gergelim

Ferva a couve-flor por 2 minutos em água fervente e depois escorra. Aqueça o óleo e frite a couve-flor até dourar levemente. Retire e escorra em papel de cozinha. Reaqueça o óleo e frite a carne até dourar levemente, retire e escorra. Despeje tudo menos 15ml/1 colher de sopa de óleo e refogue os brotos de bambu e as castanhas por 2 minutos. Adicione os ingredientes restantes, deixe ferver e cozinhe, mexendo, até o molho engrossar. Retorne a carne e a couve-flor à panela e reaqueça delicadamente. Sirva na hora.

Carne com Aipo

para 4 pessoas

100 g / 4 onças de aipo, cortado em tiras
45 ml / 3 colheres de sopa de óleo de amendoim (amendoim)
2 cebolinhas (cebolinhas), picadas
1 fatia de raiz de gengibre, picada
8 oz / 225 g de carne magra, cortada em tiras
30 ml / 2 colheres de sopa de molho de soja
30 ml / 2 colheres de sopa de vinho de arroz ou xerez seco
2,5 ml / ¬Ω colher de chá de açúcar
2,5 ml / ¬Ω colher de chá de sal

Escalde o aipo em água fervente por 1 minuto e depois escorra bem. Aqueça o óleo e frite a cebolinha e o gengibre até dourar levemente. Adicione a carne e frite por 4 minutos. Adicione o aipo e frite por 2 minutos. Adicione o molho de soja, vinho ou xerez, açúcar e sal e frite por 3 minutos.

Fatias de carne frita com aipo

para 4 pessoas

30 ml / 2 colheres de sopa de óleo de amendoim
450 g / 1 lb de carne magra, fatiada
3 talos de aipo, ralados
1 cebola, ralada
1 cebolinha (cebolinha), fatiada
1 fatia de raiz de gengibre, picada
30 ml / 2 colheres de sopa de molho de soja
15 ml / 1 colher de sopa de vinho de arroz ou xerez seco
2,5 ml / ¬Ω colher de chá de açúcar
2,5 ml / ¬Ω colher de chá de sal
10 ml / 2 colheres de chá de fubá (amido de milho)
30 ml / 2 colheres de sopa de água

Aqueça metade do óleo até ficar bem quente e frite a carne por 1 minuto até dourar. Retire da panela. Aqueça o azeite restante e frite o aipo, a cebola, a cebolinha e o gengibre até ficarem levemente macios. Retorne a carne à panela com o molho de soja, vinho ou xerez, açúcar e sal, deixe ferver e refogue para aquecer. Misture o fubá com a água, coloque na panela e cozinhe até o molho engrossar. Sirva na hora.

Carne desfiada com frango e aipo

para 4 pessoas

4 cogumelos chineses secos
45 ml / 3 colheres de sopa de óleo de amendoim (amendoim)
2 dentes de alho amassados
1 raiz de gengibre fatiada, picada
5 ml / 1 colher de chá de sal
100g / 4oz de carne magra, cortada em tiras
100g / 4oz de frango, cortado em tiras
2 cenouras, cortadas em tiras
2 talos de aipo cortados em tiras
4 cebolinhas (cebolinhas), cortadas em tiras
5 ml / 1 colher de chá de açúcar
5 ml / 1 colher de chá de molho de soja
5 ml / 1 colher de chá de vinho de arroz ou xerez seco
45 ml / 3 colheres de sopa de água
5 ml / 1 colher de chá de fubá (amido de milho)

Mergulhe os cogumelos em água morna por 30 minutos e depois escorra. Descarte os talos e pique os topos. Aqueça o óleo e frite o alho, o gengibre e o sal até dourar levemente. Adicione a carne e o frango e frite até começar a dourar. Adicione aipo, cebolinha, açúcar, molho de soja, vinho ou xerez e água e leve para ferver. Cubra e cozinhe por cerca de 15 minutos até que a carne esteja macia. Misture o fubá com um pouco de água, mexa no molho e cozinhe, mexendo, até o molho engrossar.

Carne com Chile

para 4 pessoas

450 g / 1 libra de filé mignon, cortado em tiras
45 ml / 3 colheres de sopa de molho de soja
15 ml / 1 colher de sopa de vinho de arroz ou xerez seco
15 ml / 1 colher de sopa de açúcar mascavo
15 ml / 1 colher de sopa de raiz de gengibre finamente picada
30 ml / 2 colheres de sopa de óleo de amendoim
50 g / 2 onças de brotos de bambu, cortados em palitos
1 cebola cortada em tiras
1 talo de aipo, cortado em palitos
2 pimentões vermelhos, sem sementes e cortados em tiras

120 ml / 4 fl oz / ½ xícara de caldo de galinha
15 ml / 1 colher de sopa de fubá (amido de milho)

Coloque o bife em uma tigela. Misture o molho de soja, vinho ou xerez, açúcar e gengibre e misture ao bife. Deixe macerar por 1 hora. Retire o bife da marinada. Aqueça metade do óleo e frite o broto de bambu, a cebola, o aipo e a pimenta por 3 minutos, depois retire da panela. Aqueça o óleo restante e frite o bife por 3 minutos. Adicione a marinada, deixe ferver e adicione os legumes fritos. Cozinhe em fogo baixo, mexendo, por 2 minutos. Misture o caldo e a farinha de milho e adicione à frigideira. Deixe ferver e cozinhe, mexendo, até o molho afinar e engrossar.

Carne com Couve Chinesa

para 4 pessoas

225g / 8 onças de carne magra
30 ml / 2 colheres de sopa de óleo de amendoim
350 g / 12 onças bok choy, desfiado
120 ml / 4 fl oz / ¬Ω xícara de caldo de carne
sal e pimenta moída na hora
10 ml / 2 colheres de chá de fubá (amido de milho)
30 ml / 2 colheres de sopa de água

Corte a carne em fatias finas contra o grão. Aqueça o óleo e frite a carne até dourar. Adicione o repolho chinês e frite até ficar levemente macio. Adicione o caldo, deixe ferver e tempere com sal e pimenta. Tampe e cozinhe por 4 minutos até a carne ficar macia. Misture o fubá com a água, coloque na panela e cozinhe, mexendo, até o molho engrossar.

Chop Suey de Carne

para 4 pessoas

3 talos de aipo, fatiados
100g / 4oz brotos de feijão
100g / 4oz floretes de brócolis
60 ml / 4 colheres de sopa de óleo de amendoim
3 cebolinhas (cebolinhas), picadas
2 dentes de alho amassados
1 fatia de raiz de gengibre, picada
8 oz / 225 g de carne magra, cortada em tiras
45 ml / 3 colheres de sopa de molho de soja
15 ml / 1 colher de sopa de vinho de arroz ou xerez seco
5 ml / 1 colher de chá de sal
2,5 ml / ¬Ω colher de chá de açúcar
pimenta moída na hora
15 ml / 1 colher de sopa de fubá (amido de milho)

Escalde o aipo, o broto de feijão e o brócolis em água fervente por 2 minutos, depois escorra e seque. Aqueça 45 ml / 3 colheres de sopa de óleo e frite a cebolinha, o alho e o gengibre até dourar levemente. Adicione a carne e frite por 4 minutos. Retire da panela. Aqueça o óleo restante e frite os legumes por 3 minutos. Adicione a carne, o molho de soja, o vinho ou xerez, o sal, o açúcar e uma pitada de pimenta e cozinhe por 2 minutos. Misture o fubá com um pouco de água, mexa na panela e cozinhe em fogo baixo, mexendo, até o molho afinar e engrossar.

carne com pepino

para 4 pessoas

450g / 1 libra de bife do lombo, em fatias finas
45 ml / 3 colheres de sopa de molho de soja
30 ml / 2 colheres (sopa) de fubá (maizena)
60 ml / 4 colheres de sopa de óleo de amendoim
2 pepinos, descascados, sem sementes e fatiados
60 ml / 4 colheres de sopa de caldo de galinha
30 ml / 2 colheres de sopa de vinho de arroz ou xerez seco
sal e pimenta moída na hora

Coloque o bife em uma tigela. Misture o molho de soja e o fubá e acrescente ao bife. Deixe macerar por 30 minutos. Aqueça metade do óleo e frite os pepinos por 3 minutos até ficarem opacos, depois retire da panela. Aqueça o óleo restante e frite o bife até dourar. Adicione os pepinos e frite por 2 minutos. Adicione o caldo, vinho ou xerez e tempere com sal e pimenta. Deixe ferver, tampe e cozinhe em fogo baixo por 3 minutos.

Beef Chow Mein

para 4 pessoas

750 g / 1 ¬Ω lb filé mignon

2 cebolas

45 ml / 3 colheres de sopa de molho de soja

45 ml / 3 colheres de sopa de vinho de arroz ou xerez seco

15 ml / 1 colher de sopa de manteiga de amendoim

5 ml / 1 colher de chá de suco de limão

350g / 12oz macarrão de ovo

60 ml / 4 colheres de sopa de óleo de amendoim

175 ml / 6 fl oz / ¬œ xícara de caldo de galinha

15 ml / 1 colher de sopa de fubá (amido de milho)

30 ml / 2 colheres de sopa de molho de ostra

4 cebolinhas (cebolinhas), picadas

3 talos de aipo, fatiados

100 g / 4 onças de cogumelos, fatiados
1 pimentão verde cortado em tiras
100g / 4oz brotos de feijão

Corte e descarte a gordura da carne. Corte ao longo do grão em fatias finas. Corte as cebolas em rodelas e separe as camadas. Misture 15 ml / 1 colher de molho de soja com 15 ml / 1 colher de vinho ou xerez, a manteiga de amendoim e o suco de limão. Adicione a carne, tampe e deixe descansar por 1 hora. Cozinhe o macarrão em água fervente por cerca de 5 minutos ou até ficar macio. Seque bem. Aqueça 15 ml / 1 colher de sopa de óleo, acrescente 15 ml / 1 colher de sopa de molho de soja e o macarrão e frite por 2 minutos até dourar levemente. Transfira para um prato de servir quente.

Misture o restante do molho de soja e o vinho ou xerez com o caldo, o fubá e o molho de ostra. Aqueça 15 ml / 1 colher de sopa de óleo e frite as cebolas por 1 minuto. Adicione o aipo, cogumelos, pimenta e brotos de feijão e cozinhe por 2 minutos. Retire do wok. Aqueça o óleo restante e frite a carne até dourar. Adicione a mistura de caldo, deixe ferver, tampe e cozinhe por 3 minutos. Retorne os legumes para a wok e cozinhe em fogo baixo, mexendo, por cerca de 4 minutos até ficar bem quente. Despeje a mistura sobre o macarrão e sirva.

bife de pepino

para 4 pessoas

450 g / 1 libra de filé mignon
10 ml / 2 colheres de chá de fubá (amido de milho)
10 ml / 2 colheres de chá de sal
2,5 ml / ¬Ω colher de chá de pimenta moída na hora
90 ml / 6 colheres de sopa de óleo de amendoim
1 cebola finamente picada
1 pepino, descascado e fatiado
120 ml / 4 fl oz / ¬Ω xícara de caldo de carne

Corte o filé em tiras e depois em fatias finas contra o grão. Coloque em uma tigela e adicione o amido de milho, sal, pimenta e metade do óleo. Deixe macerar por 30 minutos. Aqueça o óleo restante e frite a carne e a cebola até dourar levemente. Adicione os pepinos e o caldo, deixe ferver, tampe e cozinhe por 5 minutos.

Caril de carne assada

para 4 pessoas

45 ml / 3 colheres de sopa de manteiga
15 ml / 1 colher de sopa de caril em pó

45 ml / 3 colheres de sopa de farinha de trigo (para todos os fins)

375 ml / 13 fl oz / 1 Ω xícaras de leite

15 ml / 1 colher de sopa de molho de soja

sal e pimenta moída na hora

450 g / 1 lb de carne cozida, picada

100g / 4oz ervilhas

2 cenouras picadas

2 cebolas picadas

8 oz / 225 g de arroz de grão longo cozido, quente

1 ovo cozido (cozido), fatiado

Derreta a manteiga, acrescente o curry e a farinha e cozinhe por 1 minuto. Adicione o leite e o molho de soja, deixe ferver e cozinhe, mexendo, por 2 minutos. Tempere com sal e pimenta. Adicione a carne, ervilhas, cenouras e cebolas e misture bem para cobrir com o molho. Adicione o arroz, transfira a mistura para uma assadeira e leve ao forno pré-aquecido a 200 ∞C / 400 ∞F / gás marca 6 por 20 minutos até que os legumes estejam macios. Sirva decorado com fatias de ovo cozido.

Porco Assado Picante

para 4 pessoas

450 g / 1 lb de carne de porco em cubos
sal e pimenta
30 ml / 2 colheres de sopa de molho de soja
30 ml / 2 colheres de sopa de molho hoisin
45 ml / 3 colheres de sopa de óleo de amendoim (amendoim)
120 ml / 4 fl oz / ½ xícara de vinho de arroz ou xerez seco
300 ml / ½ pt / 1 ¼ xícaras de caldo de galinha
5 ml / 1 colher de chá de cinco especiarias em pó
6 cebolinhas (cebolinhas), picadas
8 onças / 225 g de cogumelos ostra, fatiados
15 ml / 1 colher de sopa de fubá (amido de milho)

Tempere a carne com sal e pimenta. Coloque em um prato e misture o molho de soja e o molho hoisin. Cubra e deixe marinar por 1 hora. Aqueça o óleo e frite a carne até dourar. Adicione o vinho ou xerez, o caldo e o pó de cinco especiarias, deixe ferver, tampe e cozinhe por 1 hora. Adicione a cebolinha e os cogumelos, retire a tampa e cozinhe por mais 4 minutos. Misture o amido de milho com um pouco de água, leve ao fogo e cozinhe, mexendo, por 3 minutos, até o molho engrossar.

pãezinhos de porco cozidos no vapor

12 atrás

30 ml / 2 colheres de sopa de molho hoisin

15 ml / 1 colher de sopa de molho de ostra

15 ml / 1 colher de sopa de molho de soja

2,5 ml / ½ colher de chá de óleo de gergelim

30 ml / 2 colheres de sopa de óleo de amendoim

10 ml / 2 colheres de chá de raiz de gengibre ralada

1 dente de alho amassado

300 ml / ½ pt / 1¼ xícaras de água

15 ml / 1 colher de sopa de fubá (amido de milho)

225 g / 8 onças de carne de porco cozida, picada finamente

4 cebolinhas (cebolinhas), bem picadas

350 g / 12 onças / 3 xícaras de farinha simples (para todos os fins)

15 ml / 1 colher de sopa de fermento em pó

2,5ml / ½ colher de chá de sal

50 g / 2 onças / ½ xícara de banha

5 ml / 1 colher de chá de vinagre de vinho

12 x 13 cm quadrados de papel manteiga

Misture hoisin, ostra e molhos de soja e óleo de gergelim. Aqueça o óleo e frite o gengibre e o alho até dourar levemente.

Adicione a mistura de molho e frite por 2 minutos. Misture 120 ml / 4 fl oz / ½ xícara de água com o fubá e mexa na panela. Deixe ferver, mexendo, e cozinhe até a mistura engrossar. Adicione a carne de porco e as cebolas e deixe esfriar.

Misture a farinha, o fermento e o sal. Esfregue a banha até que a mistura se assemelhe a farinha de rosca fina. Misture o vinagre de vinho e a água restante e depois misture com a farinha até formar uma massa firme. Sove levemente sobre uma superfície enfarinhada, cubra e deixe descansar por 20 minutos.

Sove a massa novamente, depois divida-a em 12 e forme uma bola com cada uma. Estenda em círculos de 15cm/6in em uma superfície enfarinhada. Coloque porções do recheio no centro de cada círculo, pincele as bordas com água e aperte as bordas para selar o recheio. Pincele um lado de cada quadrado de papel manteiga com óleo. Coloque cada pão em um quadrado de papel, com a costura voltada para baixo. Arrume os pãezinhos em uma única camada em uma grelha para vapor sobre água fervente. Cubra e cozinhe os pãezinhos por cerca de 20 minutos até ficarem cozidos.

carne de porco com repolho

para 4 pessoas

6 cogumelos chineses secos
30 ml / 2 colheres de sopa de óleo de amendoim
450 g / 1 lb de carne de porco, cortada em tiras
2 cebolas fatiadas
2 pimentões vermelhos cortados em tiras
350g / 12 onças de repolho branco, picado
2 dentes de alho picados
2 pedaços de caule de gengibre, picados
30 ml / 2 colheres de sopa de mel
45 ml / 3 colheres de sopa de molho de soja
120 ml / 4 fl oz / ½ xícara de vinho branco seco
sal e pimenta
10 ml / 2 colheres de chá de fubá (amido de milho)
15 ml / 1 colher de sopa de água

Mergulhe os cogumelos em água morna por 30 minutos e depois escorra. Descarte os talos e corte as pontas. Aqueça o óleo e frite a carne de porco até dourar levemente. Adicione os legumes, o alho e o gengibre e frite por 1 minuto. Adicione o mel, o molho de soja e o vinho, deixe ferver, tampe e cozinhe por 40 minutos até que a carne esteja cozida. Tempere com sal e pimenta.

Misture o fubá com a água e coloque na panela. Deixe ferver, mexendo continuamente, e cozinhe por 1 minuto.

Carne de porco com couve e tomate

para 4 pessoas

30 ml / 2 colheres de sopa de óleo de amendoim
450 g / 1 lb de carne de porco magra, fatiada
sal e pimenta moída na hora
1 dente de alho amassado
1 cebola finamente picada
½ repolho, picado
450 g / 1 lb tomates, sem pele e cortados em quartos
250 ml / 8 fl oz / 1 xícara de caldo
30 ml / 2 colheres (sopa) de fubá (maizena)
15 ml / 1 colher de sopa de molho de soja
60 ml / 4 colheres de sopa de água

Aqueça o óleo e frite a carne de porco, sal, pimenta, alho e cebola até dourar levemente. Adicione o repolho, o tomate e o caldo, deixe ferver, tampe e cozinhe por 10 minutos até o repolho ficar macio. Misture o fubá, o molho de soja e a água em uma pasta, mexa na panela e cozinhe, mexendo, até o molho afinar e engrossar.

Carne de porco marinada com couve

para 4 pessoas

350g / 12 onças de bacon
2 cebolinhas (cebolinhas), picadas
1 fatia de raiz de gengibre, picada
1 pau de canela
cravo anis 3 estrelas
45 ml / 3 colheres de sopa de açúcar mascavo
600 ml / 1 pt / 2½ xícaras de água
15 ml / 1 colher de sopa de óleo de amendoim
15 ml / 1 colher de sopa de molho de soja
5 ml / 1 colher de chá de purê de tomate (pasta)
5 ml / 1 colher de chá de molho de ostra
100g / 4oz corações de couve chinesa
100g / 4oz pak choi

Corte a carne de porco em 10 cm / 4 pedaços e coloque em uma tigela. Adicione a cebolinha, gengibre, canela, anis estrelado, açúcar e água e deixe descansar por 40 minutos. Aqueça o azeite, retire a carne de porco da marinada e coloque-a na frigideira. Frite até dourar levemente e acrescente o molho de soja, o purê de tomate e o molho de ostra. Deixe ferver e cozinhe por cerca de 30 minutos até que a carne de porco esteja macia e o líquido reduzido, adicionando um pouco mais de água durante o cozimento, se necessário.

Enquanto isso, cozinhe os corações de repolho e o pak choi em água fervente por cerca de 10 minutos, até ficarem macios. Arrume-os em uma travessa quente, cubra com a carne de porco e despeje o molho por cima.

Porco com Aipo

para 4 pessoas

45 ml / 3 colheres de sopa de óleo de amendoim (amendoim)
1 dente de alho amassado
1 cebolinha (cebolinha), picada
1 fatia de raiz de gengibre, picada
225g / 8 onças de carne de porco magra, cortada em tiras
100g / 4oz aipo, cortado em fatias finas
45 ml / 3 colheres de sopa de molho de soja
15 ml / 1 colher de sopa de vinho de arroz ou xerez seco
5 ml / 1 colher de chá de fubá (amido de milho)

Aqueça o azeite e frite o alho, a cebolinha e o gengibre até dourar levemente. Adicione a carne de porco e frite por 10 minutos até dourar. Adicione o aipo e frite por 3 minutos. Adicione o restante dos ingredientes e frite por 3 minutos.

Carne de Porco com Castanhas e Cogumelos

para 4 pessoas

4 cogumelos chineses secos
100 g / 4 onças / 1 xícara de castanhas
30 ml / 2 colheres de sopa de óleo de amendoim
2,5ml / ½ colher de chá de sal
450g / 1lb carne de porco magra, em cubos
15 ml / 1 colher de sopa de molho de soja
375 ml / 13 fl oz / 1 ½ xícaras de caldo de galinha
100 g / 4 oz castanhas d'água, fatiadas

Mergulhe os cogumelos em água morna por 30 minutos e depois escorra. Descarte os talos e corte os topos ao meio. Escalde as castanhas em água fervente por 1 minuto e escorra. Aqueça o óleo e o sal e frite a carne de porco até dourar levemente. Adicione o molho de soja e frite por 1 minuto. Adicione o caldo e ferva. Adicione as castanhas e as castanhas d'água, deixe ferver novamente, tampe e cozinhe por cerca de 1 hora e meia até que a carne esteja macia.

Chop Suey De Porco

para 4 pessoas

100 g / 4 onças de brotos de bambu, cortados em tiras
100g / 4 onças de castanhas de água, cortadas em fatias finas
60 ml / 4 colheres de sopa de óleo de amendoim
3 cebolinhas (cebolinhas), picadas
2 dentes de alho amassados
1 fatia de raiz de gengibre, picada
225g / 8 onças de carne de porco magra, cortada em tiras
45 ml / 3 colheres de sopa de molho de soja
15 ml / 1 colher de sopa de vinho de arroz ou xerez seco
5 ml / 1 colher de chá de sal
5 ml / 1 colher de chá de açúcar
pimenta moída na hora
15 ml / 1 colher de sopa de fubá (amido de milho)

Escalde os brotos de bambu e as castanhas d'água em água fervente por 2 minutos, depois escorra e seque. Aqueça 45 ml / 3 colheres de sopa de óleo e frite a cebolinha, o alho e o gengibre até dourar levemente. Adicione a carne de porco e frite por 4 minutos. Retire da panela.

Aqueça o óleo restante e frite os legumes por 3 minutos. Adicione a carne de porco, molho de soja, vinho ou xerez, sal, açúcar e uma pitada de pimenta e cozinhe por 4 minutos. Misture o fubá com um pouco de água, mexa na panela e cozinhe em fogo baixo, mexendo, até o molho afinar e engrossar.

Yakisoba de porco

para 4 pessoas

4 cogumelos chineses secos

30 ml / 2 colheres de sopa de óleo de amendoim

2,5ml / ½ colher de chá de sal

4 cebolinhas (cebolinhas), picadas

225g / 8 onças de carne de porco magra, cortada em tiras

15 ml / 1 colher de sopa de molho de soja

5 ml / 1 colher de chá de açúcar

3 talos de aipo picados

1 cebola, cortada em rodelas

100g / 4 onças de cogumelos, cortados ao meio

120 ml / 4 fl oz / ½ xícara de caldo de galinha

Noodles fritos

Mergulhe os cogumelos em água morna por 30 minutos e depois escorra. Descarte os talos e corte as pontas. Aqueça o azeite e o sal e frite as cebolinhas até ficarem macias. Adicione a carne de porco e frite até dourar levemente. Misture o molho de soja, o açúcar, o aipo, a cebola e os cogumelos frescos e secos e refogue por cerca de 4 minutos até que os ingredientes estejam bem misturados. Adicione o caldo e cozinhe por 3 minutos. Adicione metade do macarrão à panela e mexa delicadamente, depois adicione o macarrão restante e mexa até aquecer.

Chow Mein De Porco Assado

para 4 pessoas

100g / 4oz brotos de feijão

45 ml / 3 colheres de sopa de óleo de amendoim (amendoim)

100g / 4oz bok choy, desfiado

8 oz / 225g de carne de porco assada, fatiada

5 ml / 1 colher de chá de sal

15 ml / 1 colher de sopa de vinho de arroz ou xerez seco

Escalde os brotos de feijão em água fervente por 4 minutos e depois escorra. Aqueça o óleo e frite o broto de feijão e o repolho até ficarem macios. Adicione a carne de porco, sal e xerez e refogue até aquecer. Adicione metade do macarrão escorrido à panela e mexa delicadamente até aquecer. Adicione o macarrão restante e mexa até aquecer.

carne de porco com chutney

para 4 pessoas

5 ml / 1 colher de chá de cinco especiarias em pó

5 ml / 1 colher de chá de caril em pó
450 g / 1 lb de carne de porco, cortada em tiras
30 ml / 2 colheres de sopa de óleo de amendoim
6 cebolinhas (cebolinhas), cortadas em tiras
1 talo de aipo, cortado em tiras
100g / 4oz brotos de feijão
1 frasco de 200 g / 7 onças de pepinos doces chineses, em cubos
45 ml / 3 colheres de sopa de chutney de manga
30 ml / 2 colheres de sopa de molho de soja
30 ml / 2 colheres (sopa) de extrato de tomate (pasta)
150 ml / ¼ pt / generosa ½ xícara de caldo de galinha
10 ml / 2 colheres de chá de fubá (amido de milho)

Esfregue bem os temperos na carne de porco. Aqueça o óleo e frite a carne por 8 minutos ou até dourar. Retire da panela. Adicione os legumes à panela e frite por 5 minutos. Devolva a carne de porco à panela com todos os ingredientes restantes, exceto o fubá. Mexa até ficar bem quente. Misture o fubá com um pouco de água, mexa na panela e cozinhe em fogo baixo, mexendo, até o molho engrossar.

carne de porco com pepino

para 4 pessoas
225g / 8 onças de carne de porco magra, cortada em tiras

30 ml / 2 colheres de sopa de farinha de trigo (para todos os fins)
sal e pimenta moída na hora
60 ml / 4 colheres de sopa de óleo de amendoim
225 g / 8 onças de pepino, descascado e fatiado
30 ml / 2 colheres de sopa de molho de soja

Misture a carne de porco com a farinha e tempere com sal e pimenta. Aqueça o óleo e frite a carne de porco por cerca de 5 minutos até ficar cozido. Adicione o pepino e o molho de soja e frite por mais 4 minutos. Verifique e ajuste os temperos e sirva com arroz frito.

Empadas Crocantes de Porco

para 4 pessoas

4 cogumelos chineses secos
30 ml / 2 colheres de sopa de óleo de amendoim

225 g / 8 onças de filé de porco picado (moído)
50g / 2oz camarão, descascado e picado
15 ml / 1 colher de sopa de molho de soja
15 ml / 1 colher de sopa de fubá (amido de milho)
30 ml / 2 colheres de sopa de água
8 embalagens de rolinho primavera
100 g / 4 onças / 1 xícara de fubá (amido de milho)
óleo para fritar

Mergulhe os cogumelos em água morna por 30 minutos e depois escorra. Descarte os talos e pique finamente os topos. Aqueça o azeite e frite os cogumelos, a carne de porco, os camarões e o molho de soja durante 2 minutos. Misture o fubá com a água até obter uma pasta e mexa na mistura para fazer o recheio.

Corte os wraps em tiras, coloque um pouco de recheio no final de cada um e enrole em triângulos, selando com um pouco da mistura de farinha e água. Polvilhe generosamente com fubá. Aqueça o óleo e frite os triângulos até ficarem crocantes e dourados. Escorra bem antes de servir.

Rolinhos de porco com ovo

para 4 pessoas

225g / 8 onças de carne de porco magra, desfiada

1 fatia de raiz de gengibre, picada
1 cebolinha picada
15 ml / 1 colher de sopa de molho de soja
15 ml / 1 colher de sopa de água
12 cascas de rolinho de ovo
1 ovo batido
óleo para fritar

Misture a carne de porco, gengibre, cebola, molho de soja e água. Coloque um pouco do recheio no centro de cada casca e pinte as bordas com ovo batido. Dobre as laterais e, em seguida, role o rolinho para longe de você, selando as bordas com o ovo. Vapor em uma grelha em um vaporizador por 30 minutos até que a carne de porco esteja cozida. Aqueça o óleo e frite por alguns minutos até ficar crocante e dourado.

Rolinhos de ovo de porco e camarão

para 4 pessoas

30 ml / 2 colheres de sopa de óleo de amendoim
225g / 8 onças de carne de porco magra, desfiada
6 cebolinhas (cebolinhas), picadas

225g / 8oz brotos de feijão
100g / 4oz camarões descascados, picados
15 ml / 1 colher de sopa de molho de soja
2,5ml / ½ colher de chá de sal
12 cascas de rolinho de ovo
1 ovo batido
óleo para fritar

Aqueça o óleo e frite a carne de porco e a cebolinha até dourar levemente. Enquanto isso, escalde os brotos de feijão em água fervente por 2 minutos e depois escorra. Adicione os brotos de feijão à panela e refogue por 1 minuto. Adicione os camarões, o molho de soja e o sal e frite por 2 minutos. Deixar esfriar.

Coloque um pouco de recheio no centro de cada pele e pincele as bordas com ovo batido. Dobre as laterais e enrole os rolinhos, selando as bordas com ovo. Aqueça o óleo e frite os rolinhos até ficarem crocantes e dourados.

Carne de porco estufada com ovos

para 4 pessoas

450 g / 1 libra carne de porco magra
30 ml / 2 colheres de sopa de óleo de amendoim
1 cebola picada

90 ml / 6 colheres de sopa de molho de soja
45 ml / 3 colheres de sopa de vinho de arroz ou xerez seco
15 ml / 1 colher de sopa de açúcar mascavo
3 ovos cozidos (cozidos)

Leve uma panela com água para ferver, adicione a carne de porco, volte a ferver e deixe ferver até selar. Retire da panela, escorra bem e corte em cubos. Aqueça o óleo e frite a cebola até murchar. Adicione a carne de porco e frite até dourar levemente. Adicione o molho de soja, vinho ou xerez e açúcar, tampe e cozinhe por 30 minutos, mexendo ocasionalmente. Marque levemente a parte externa dos ovos e adicione-os à frigideira, tampe e cozinhe por mais 30 minutos.

porco em chamas

para 4 pessoas

450 g / 1 libra de filé de porco, cortado em tiras
30 ml / 2 colheres de sopa de molho de soja
30 ml / 2 colheres de sopa de molho hoisin
5 ml / 1 colher de chá de cinco especiarias em pó
15 ml / 1 colher de sopa de pimenta
15 ml / 1 colher de sopa de açúcar mascavo

15 ml / 1 colher de sopa de óleo de gergelim

30 ml / 2 colheres de sopa de óleo de amendoim

6 cebolinhas (cebolinhas), picadas

1 pimentão verde cortado em pedaços

200g / 7oz brotos de feijão

2 rodelas de abacaxi cortadas em cubinhos

45 ml / 3 colheres de sopa de molho de tomate (ketchup)

150 ml / ¼ pt / generosa ½ xícara de caldo de galinha

Coloque a carne em uma tigela. Misture o molho de soja, o molho hoisin, o pó de cinco especiarias, a pimenta e o açúcar, despeje sobre a carne e deixe marinar por 1 hora. Aqueça os óleos e frite a carne até dourar. Retire da panela. Adicione os legumes e frite por 2 minutos. Adicione o abacaxi, o molho de tomate e o caldo e deixe ferver. Retorne a carne à frigideira e aqueça antes de servir.

bife de porco frito

para 4 pessoas

350g / 12 onças de filé de porco, em cubos

15 ml / 1 colher de sopa de vinho de arroz ou xerez seco

15 ml / 1 colher de sopa de molho de soja
5 ml / 1 colher de chá de óleo de gergelim
30 ml / 2 colheres (sopa) de fubá (maizena)
óleo para fritar

Misture a carne de porco, vinho ou xerez, molho de soja, óleo de gergelim e farinha de milho para que a carne de porco fique coberta por uma massa grossa. Aqueça o óleo e frite a carne de porco por cerca de 3 minutos até ficar crocante. Retire a carne de porco da panela, aqueça o óleo e frite novamente por cerca de 3 minutos.

Carne de porco com cinco especiarias

para 4 pessoas

225g / 8 onças de carne de porco magra
5 ml / 1 colher de chá de fubá (amido de milho)
2,5 ml / ½ colher de chá de cinco especiarias em pó
2,5ml / ½ colher de chá de sal
15 ml / 1 colher de sopa de vinho de arroz ou xerez seco
20 ml / 2 colheres de sopa de óleo de amendoim
120 ml / 4 fl oz / ½ xícara de caldo de galinha

Corte a carne de porco em fatias finas contra o grão. Misture a carne de porco com o fubá, cinco especiarias em pó, sal e vinho ou xerez e mexa bem para cobrir a carne de porco. Deixe descansar por 30 minutos, mexendo de vez em quando. Aqueça o óleo, adicione a carne de porco e frite por cerca de 3 minutos. Adicione o caldo, deixe ferver, tampe e cozinhe por 3 minutos. Sirva imediatamente.

Carne de porco assada perfumada

Serve 6 a 8
1 pedaço de casca de tangerina
45 ml / 3 colheres de sopa de óleo de amendoim (amendoim)
900 g / 2 lbs de carne de porco magra, em cubos
250 ml / 8 fl oz / 1 xícara de vinho de arroz ou xerez seco
120 ml / 4 fl oz / ½ xícara de molho de soja
2,5 ml / ½ colher de chá de anis em pó
½ pau de canela

4 dentes

5 ml / 1 colher de chá de sal

250 ml / 8 fl oz / 1 xícara de água

2 cebolinhas (cebolinhas), fatiadas

1 fatia de raiz de gengibre, picada

Mergulhe a casca da tangerina em água enquanto prepara o prato. Aqueça o óleo e frite a carne de porco até dourar levemente. Adicione o vinho ou xerez, molho de soja, anis em pó, canela, cravo, sal e água. Deixe ferver, acrescente a casca de tangerina, a cebolinha e o gengibre. Cubra e cozinhe por cerca de 1 hora e meia até ficar macio, mexendo ocasionalmente e adicionando um pouco mais de água fervente, se necessário. Retire os temperos antes de servir.

Carne de porco com alho picado

para 4 pessoas

450 g / 1 lb barriga de porco, sem pele

3 fatias de raiz de gengibre

2 cebolinhas (cebolinhas), picadas

30 ml / 2 colheres de sopa de alho picado

30 ml / 2 colheres de sopa de molho de soja

5 ml / 1 colher de chá de sal

15 ml / 1 colher de sopa de caldo de galinha

2,5 ml / ½ colher de chá de óleo de pimenta
4 ramos de coentro

Coloque a carne de porco em uma panela com o gengibre e a cebolinha, cubra com água, leve para ferver e cozinhe por 30 minutos até ficar cozido. Retire e escorra bem, depois corte em fatias finas de cerca de 5cm/2 quadrados. Coloque as fatias em uma peneira de metal. Leve uma panela com água para ferver, adicione as fatias de carne de porco e cozinhe por 3 minutos até aquecer. Disponha em um prato de servir quente. Misture o alho, molho de soja, sal, caldo e óleo de pimenta e despeje sobre a carne de porco. Sirva decorado com coentros.

Carne de porco salteada com gengibre

para 4 pessoas

225g / 8 onças de carne de porco magra
5 ml / 1 colher de chá de fubá (amido de milho)
30 ml / 2 colheres de sopa de molho de soja
30 ml / 2 colheres de sopa de óleo de amendoim
1 fatia de raiz de gengibre, picada
1 cebolinha (cebolinha), fatiada
45 ml / 3 colheres de sopa de água
5 ml / 1 colher de chá de açúcar mascavo

Corte a carne de porco em fatias finas contra o grão. Adicione o fubá, polvilhe com molho de soja e misture novamente. Aqueça o óleo e frite a carne de porco por 2 minutos até dourar. Adicione o gengibre e a cebolinha e frite por 1 minuto. Adicione a água e o açúcar, tampe e cozinhe por cerca de 5 minutos até ficar cozido.

Carne de Porco com Feijão Verde

para 4 pessoas

1 libra / 450g de feijão verde, cortado em pedaços
30 ml / 2 colheres de sopa de óleo de amendoim
2,5ml / ½ colher de chá de sal
1 fatia de raiz de gengibre, picada
225 g / 8 onças de carne de porco magra, picada (moída)
120 ml / 4 fl oz / ½ xícara de caldo de galinha
75 ml / 5 colheres de sopa de água
2 ovos
15 ml / 1 colher de sopa de fubá (amido de milho)

Ferva o feijão por cerca de 2 minutos e depois escorra. Aqueça o óleo e frite o sal e o gengibre por alguns segundos. Adicione a carne de porco e frite até dourar levemente. Junte o feijão e refogue por 30 segundos, cobrindo com o azeite. Adicione o caldo, deixe ferver, tampe e cozinhe por 2 minutos. Bata 30 ml / 2 colheres de sopa de água com os ovos e mexa-os na panela. Misture a água restante com o fubá. Quando os ovos começarem a endurecer, adicione o fubá e cozinhe até a mistura engrossar. Sirva imediatamente.

Carne de porco com presunto e tofu

para 4 pessoas

4 cogumelos chineses secos
5 ml / 1 colher de chá de óleo de amendoim
100g / 4oz presunto defumado, fatiado
8 onças / 225 g de tofu, fatiado
8 oz / 225g de carne de porco magra, fatiada
15 ml / 1 colher de sopa de vinho de arroz ou xerez seco
sal e pimenta moída na hora
1 fatia de raiz de gengibre, picada
1 cebolinha (cebolinha), picada
10 ml / 2 colheres de chá de fubá (amido de milho)

30 ml / 2 colheres de sopa de água

Mergulhe os cogumelos em água morna por 30 minutos e depois escorra. Descarte os talos e corte os topos ao meio. Esfregue uma tigela resistente ao calor com óleo de amendoim. Coloque os cogumelos, o presunto, o tofu e a carne de porco no prato, com a carne de porco por cima. Polvilhe com vinho ou xerez, sal e pimenta, gengibre e cebolinha. Cubra e cozinhe em um rack sobre água fervente por cerca de 45 minutos até ficar cozido. Escorra o molho da tigela sem mexer nos ingredientes. Adicione água suficiente para fazer 250 ml / 8 fl oz / 1 xícara. Misture o fubá com a água e misture ao molho. Transfira para uma tigela e cozinhe, mexendo, até o molho afinar e engrossar. Coloque a mistura de carne de porco em uma travessa quente, regue com o molho e sirva.

Espetadas de Porco Frito

para 4 pessoas

1 libra / 450g de filé de porco, em fatias finas
100g / 4oz presunto cozido, em fatias finas
6 castanhas d'água cortadas em fatias finas
30 ml / 2 colheres de sopa de molho de soja
30 ml / 2 colheres de sopa de vinagre de vinho
15 ml / 1 colher de sopa de açúcar mascavo
15 ml / 1 colher de sopa de molho de ostra
algumas gotas de óleo de pimenta
45 ml / 3 colheres (sopa) de fubá (maizena)

30 ml / 2 colheres de sopa de vinho de arroz ou xerez seco
2 ovos batidos
óleo para fritar

Espete alternadamente a carne de porco, o presunto e as castanhas de água em pequenos espetos. Misture o molho de soja, vinagre de vinho, açúcar, molho de ostra e óleo de pimenta. Despeje sobre os espetos, tampe e deixe marinar na geladeira por 3 horas. Misture a farinha de milho, vinho ou xerez e os ovos até obter uma massa lisa e espessa. Vire os espetos na massa para cobri-los. Aqueça o óleo e frite os espetinhos até dourar levemente.

Joelho de porco assado ao molho vermelho

para 4 pessoas

1 joelho de porco grande
1 l / 1½ pts / 4¼ xícaras de água fervente
5 ml / 1 colher de chá de sal
120 ml / 4 fl oz / ½ xícara de vinagre de vinho
120 ml / 4 fl oz / ½ xícara de molho de soja
45 ml / 3 colheres de sopa de mel
5 ml / 1 colher de chá de bagas de zimbro
5 ml / 1 colher de chá de anis
5 ml / 1 colher de chá de coentro

60 ml / 4 colheres de sopa de óleo de amendoim
6 cebolinhas (cebolinhas), fatiadas
2 cenouras, em fatias finas
1 talo de aipo, fatiado
45 ml / 3 colheres de sopa de molho hoisin
30 ml / 2 colheres de sopa de chutney de manga
75 ml / 5 colheres (sopa) de extrato de tomate (pasta)
1 dente de alho amassado
60 ml / 4 colheres de sopa de cebolinha picada

Leve ao lume o joelho de porco com a água, sal, vinagre de vinho, 45 ml / 3 colheres de sopa de molho de soja, mel e especiarias. Adicione os legumes, volte a ferver, tampe e cozinhe por cerca de 1 hora e meia até que a carne esteja macia. Retire a carne e os legumes da panela, corte a carne do osso e corte em cubos. Aqueça o óleo e frite a carne até dourar. Adicione os legumes e frite por 5 minutos. Adicione o restante do molho de soja, molho hoisin, chutney, purê de tomate e alho. Deixe ferver, mexendo, e cozinhe por 3 minutos. Sirva polvilhado com cebolinho.

carne de porco marinada

para 4 pessoas

450 g / 1 libra carne de porco magra
1 fatia de raiz de gengibre, picada
1 dente de alho amassado
90 ml / 6 colheres de sopa de molho de soja
15 ml / 1 colher de sopa de vinho de arroz ou xerez seco
45 ml / 3 colheres de sopa de óleo de amendoim (amendoim)
1 cebolinha (cebolinha), fatiada
15 ml / 1 colher de sopa de açúcar mascavo
pimenta moída na hora

Misture a carne de porco com o gengibre, alho, 30 ml / 2 colheres de sopa de molho de soja e vinho ou xerez. Deixe descansar por 30 minutos, mexendo de vez em quando, depois retire a carne da marinada. Aqueça o óleo e frite a carne de porco até dourar levemente. Adicione a cebolinha, o açúcar, o molho de soja restante e uma pitada de pimentão, tampe e cozinhe por cerca de 45 minutos até que a carne de porco esteja cozida. Corte a carne de porco em cubos e sirva.

Costeletas De Porco Marinadas

para 6

6 costeletas de porco
1 fatia de raiz de gengibre, picada
1 dente de alho amassado
90 ml / 6 colheres de sopa de molho de soja
30 ml / 2 colheres de sopa de vinho de arroz ou xerez seco
45 ml / 3 colheres de sopa de óleo de amendoim (amendoim)
2 cebolinhas (cebolinhas), picadas
15 ml / 1 colher de sopa de açúcar mascavo
pimenta moída na hora

Corte o osso das costeletas de porco e corte a carne em cubos. Misture o gengibre, alho, 30ml / 2 colheres de sopa de molho de soja e vinho ou xerez, despeje sobre a carne de porco e deixe marinar por 30 minutos, mexendo de vez em quando. Retire a carne da marinada. Aqueça o óleo e frite a carne de porco até dourar levemente. Adicione a cebolinha e frite por 1 minuto. Misture o restante do molho de soja com o açúcar e uma pitada de pimenta. Adicione o molho, deixe ferver, tampe e cozinhe por cerca de 30 minutos até que a carne de porco esteja macia.

Porco com Cogumelos

para 4 pessoas

25g / 1oz de cogumelos chineses secos
30 ml / 2 colheres de sopa de óleo de amendoim
1 dente de alho picado
225g / 8 onças de carne de porco magra, fatiada
4 cebolinhas (cebolinhas), picadas
15 ml / 1 colher de sopa de molho de soja
15 ml / 1 colher de sopa de vinho de arroz ou xerez seco
5 ml / 1 colher de chá de óleo de gergelim

Mergulhe os cogumelos em água morna por 30 minutos e depois escorra. Descarte os talos e corte as pontas. Aqueça o óleo e frite o alho até dourar levemente. Adicione a carne de porco e frite até dourar. Adicione a cebolinha, cogumelos, molho de soja e vinho ou xerez e refogue por 3 minutos. Adicione o óleo de gergelim e sirva imediatamente.

bolo de carne cozido no vapor

para 4 pessoas

450 g / 1 libra carne de porco picada (moída)

4 castanhas d'água picadas finamente

225 g / 8 onças de cogumelos, finamente picados

5 ml / 1 colher de chá de molho de soja

sal e pimenta moída na hora

1 ovo, levemente batido

Misture bem todos os ingredientes e modele a mistura em um bolo achatado em um refratário. Coloque o prato em uma gradinha em uma panela a vapor, tampe e cozinhe por 1 hora e meia.

Carne de porco vermelha com cogumelos

para 4 pessoas

450g / 1lb carne de porco magra, em cubos

250 ml / 8 fl oz / 1 xícara de água

15 ml / 1 colher de sopa de molho de soja

15 ml / 1 colher de sopa de vinho de arroz ou xerez seco

5 ml / 1 colher de chá de açúcar

5 ml / 1 colher de chá de sal

225g / 8 onças de cogumelos

Coloque a carne de porco e a água em uma panela e leve a água para ferver. Tampe e cozinhe por 30 minutos, depois escorra, reservando o caldo. Retorne a carne de porco para a panela e adicione o molho de soja. Cozinhe em fogo baixo, mexendo, até que o molho de soja seja absorvido. Adicione o vinho ou xerez, o açúcar e o sal. Despeje o caldo reservado, deixe ferver, tampe e cozinhe por cerca de 30 minutos, virando a carne de vez em quando. Adicione os cogumelos e cozinhe por mais 20 minutos.

Panqueca De Macarrão De Porco

para 4 pessoas

30 ml / 2 colheres de sopa de óleo de amendoim
5 ml / 2 colheres de chá de sal
225g / 8 onças de carne de porco magra, cortada em tiras
225 g / 8 onças bok choy, desfiado
100 g / 4 onças de brotos de bambu, esmagados
100g / 4oz cogumelos, cortados em fatias finas
150 ml / ¼ pt / generosa ½ xícara de caldo de galinha
10 ml / 2 colheres de chá de fubá (amido de milho)
15 ml / 1 colher de sopa de vinho de arroz ou xerez seco
15 ml / 1 colher de sopa de água
panqueca de macarrão

Aqueça o óleo e frite o sal e a carne de porco até ficarem claros. Adicione o repolho, brotos de bambu e cogumelos e frite por 1 minuto. Adicione o caldo, deixe ferver, tampe e cozinhe por 4 minutos até que a carne de porco esteja cozida. Misture a farinha de milho em uma pasta com o vinho ou xerez e água, mexa na panela e cozinhe em fogo baixo, mexendo, até o molho afinar e engrossar. Despeje sobre a panqueca de macarrão para servir.

Carne de porco e camarão com panqueca de macarrão

para 4 pessoas

30 ml / 2 colheres de sopa de óleo de amendoim
5 ml / 1 colher de chá de sal
4 cebolinhas (cebolinhas), picadas
1 dente de alho amassado
225g / 8 onças de carne de porco magra, cortada em tiras
100 g / 4 onças de cogumelos, fatiados
4 talos de aipo, fatiados
225g / 8 onças de camarões descascados
30 ml / 2 colheres de sopa de molho de soja
10 ml / 1 colher de chá de fubá (amido de milho)
45 ml / 3 colheres de sopa de água
panqueca de macarrão

Aqueça o azeite e o sal e frite a cebolinha e o alho até ficarem macios. Adicione a carne de porco e frite até dourar levemente. Adicione os cogumelos e o aipo e frite por 2 minutos. Adicione o camarão, polvilhe com molho de soja e mexa até aquecer. Misture o fubá e a água em uma pasta, mexa na panela e cozinhe em fogo baixo, mexendo, até ficar bem quente. Despeje sobre a panqueca de macarrão para servir.

Carne de porco com molho de ostra

Para 4 a 6 porções

*450 g / 1 libra carne de porco magra
15 ml / 1 colher de sopa de fubá (amido de milho)
10 ml / 2 colheres de chá de vinho de arroz ou xerez seco
uma pitada de açúcar
45 ml / 3 colheres de sopa de óleo de amendoim (amendoim)
10 ml / 2 colheres de chá de água
30 ml / 2 colheres de sopa de molho de ostra
pimenta moída na hora
1 fatia de raiz de gengibre, picada
60 ml / 4 colheres de sopa de caldo de galinha*

Corte a carne de porco em fatias finas contra o grão. Misture 5ml / 1 colher de chá de farinha de milho com o vinho ou xerez, açúcar e 5ml / 1 colher de chá de óleo, adicione à carne de porco e mexa bem para revestir. Bata o restante do amido de milho com a água, o molho de ostra e uma pitada de pimenta. Aqueça o óleo restante e frite o gengibre por 1 minuto. Adicione a carne de porco e frite até dourar levemente. Adicione o caldo e a mistura de água e molho de ostras, deixe ferver, tampe e cozinhe por 3 minutos.

porco com amendoim

para 4 pessoas

450g / 1lb carne de porco magra, em cubos
15 ml / 1 colher de sopa de fubá (amido de milho)
5 ml / 1 colher de chá de sal
1 clara de ovo
3 cebolinhas (cebolinhas), picadas
1 dente de alho picado
1 fatia de raiz de gengibre, picada
45 ml / 3 colheres de sopa de caldo de galinha
15 ml / 1 colher de sopa de vinho de arroz ou xerez seco
15 ml / 1 colher de sopa de molho de soja
10 ml / 2 colheres de chá de melaço preto
45 ml / 3 colheres de sopa de óleo de amendoim (amendoim)
½ pepino, em cubos
25 g / 1 oz / ¼ xícara de amendoim sem casca
5 ml / 1 colher de chá de óleo de pimenta

Misture a carne de porco com metade do amido de milho, sal e clara de ovo e mexa bem para cobrir a carne de porco. Misture o restante do fubá com a cebolinha, alho, gengibre, caldo, vinho ou xerez, molho de soja e melaço. Aqueça o óleo e frite a carne de porco até dourar levemente, depois retire da panela. Adicione o pepino à panela e frite por alguns minutos. Retorne a carne de porco à frigideira e mexa levemente. Adicione a mistura de temperos, deixe ferver e cozinhe, mexendo, até o molho afinar e engrossar. Adicione o amendoim e o óleo de pimenta e aqueça antes de servir.

Porco com Pimentos

para 4 pessoas

45 ml / 3 colheres de sopa de óleo de amendoim (amendoim)
225g / 8 onças de carne de porco magra, em cubos
1 cebola cortada em cubos
2 pimentões verdes, em cubos
½ cabeça de folhas de porcelana, cortada em cubos
1 fatia de raiz de gengibre, picada
15 ml / 1 colher de sopa de molho de soja
15ml / 1 colher de sopa de açúcar
2,5ml / ½ colher de chá de sal

Aqueça o óleo e frite a carne de porco por cerca de 4 minutos até dourar. Adicione a cebola e frite por cerca de 1 minuto. Adicione os pimentões e frite por 1 minuto. Adicione as folhas chinesas e frite por 1 minuto. Misture os ingredientes restantes, coloque-os de volta na panela e refogue por mais 2 minutos.

Carne de porco picante com picles

para 4 pessoas

900 g / 2 libras de costeletas de porco
30 ml / 2 colheres (sopa) de fubá (maizena)
45 ml / 3 colheres de sopa de molho de soja
30 ml / 2 colheres de sopa de xerez doce
5 ml / 1 colher de chá de raiz de gengibre ralada
2,5 ml / ½ colher de chá de cinco especiarias em pó
pitada de pimenta moída na hora
óleo para fritar
60 ml / 4 colheres de sopa de caldo de galinha
Legumes chineses em conserva

Apare as costeletas descartando toda a gordura e os ossos. Misture o fubá, 30ml / 2 colheres de sopa de molho de soja, xerez, gengibre, cinco especiarias em pó e pimenta. Despeje sobre a carne de porco e mexa para cobrir completamente. Cubra e deixe marinar por 2 horas, virando de vez em quando. Aqueça o óleo e frite a carne de porco até dourar e bem cozida. Escorra em papel toalha. Corte a carne de porco em fatias grossas, transfira para uma travessa quente e mantenha quente. Combine o caldo e o molho de soja restante em uma panela pequena.

Deixe ferver e despeje sobre as fatias de carne de porco. Sirva decorado com picles mistos.

Carne de porco com molho de ameixa

para 4 pessoas

450 g / 1 lb carne de porco ensopada, em cubos

2 dentes de alho amassados

sal

60 ml / 4 colheres de sopa de molho de tomate (ketchup)

30 ml / 2 colheres de sopa de molho de soja

45 ml / 3 colheres de sopa de molho de ameixa

5 ml / 1 colher de chá de caril em pó

5 ml / 1 colher de chá de páprica

2,5 ml / ½ colher de chá de pimenta moída na hora

45 ml / 3 colheres de sopa de óleo de amendoim (amendoim)

6 cebolinhas (cebolinhas), cortadas em tiras

4 cenouras, cortadas em tiras

Marinar a carne com alho, sal, molho de tomate, molho de soja, molho de ameixa, curry em pó, páprica e pimenta por 30 minutos. Aqueça o óleo e frite a carne até dourar levemente. Retire do wok. Adicione os legumes ao óleo e frite até ficarem macios. Retorne a carne à frigideira e aqueça suavemente antes de servir.

carne de porco com camarão

Serve 6 a 8

900 g / 2 lb carne de porco magra
30 ml / 2 colheres de sopa de óleo de amendoim
1 cebola fatiada
1 cebolinha (cebolinha), picada
2 dentes de alho amassados
30 ml / 2 colheres de sopa de molho de soja
50g / 2oz camarões descascados, picados
(chão)
600 ml / 1 pt / 2½ xícaras de água fervente
15ml / 1 colher de sopa de açúcar

Leve uma panela com água para ferver, adicione a carne de porco, tampe e cozinhe por 10 minutos. Retire da panela e escorra bem e depois corte em cubos. Aqueça o óleo e frite a cebola, a cebolinha e o alho até dourar levemente. Adicione a carne de porco e frite até dourar levemente. Adicione o molho de soja e o camarão e frite por 1 minuto. Adicione a água fervente e o açúcar, tampe e cozinhe por cerca de 40 minutos até que a carne de porco esteja macia.

porco vermelho cozido

para 4 pessoas

1½ lbs / 675 g de carne de porco magra, em cubos
250 ml / 8 fl oz / 1 xícara de água
1 fatia de raiz de gengibre, esmagada
60 ml / 4 colheres de sopa de molho de soja
15 ml / 1 colher de sopa de vinho de arroz ou xerez seco
5 ml / 1 colher de chá de sal
10 ml / 2 colheres de chá de açúcar mascavo

Coloque a carne de porco e a água em uma panela e leve a água para ferver. Adicione o gengibre, o molho de soja, o xerez e o sal, tampe e cozinhe por 45 minutos. Adicione o açúcar, vire a carne, tampe e cozinhe por mais 45 minutos até que a carne de porco esteja macia.

Carne de porco ao molho vermelho

para 4 pessoas

30 ml / 2 colheres de sopa de óleo de amendoim
225g / 8 onças de rins de porco, cortados em tiras
450 g / 1 lb de carne de porco, cortada em tiras
1 cebola fatiada
4 cebolinhas (cebolinhas), cortadas em tiras
2 cenouras, cortadas em tiras
1 talo de aipo, cortado em tiras
1 pimentão vermelho cortado em tiras
45 ml / 3 colheres de sopa de molho de soja
45 ml / 3 colheres de sopa de vinho branco seco
300 ml / ½ pt / 1 ¼ xícaras de caldo de galinha
30 ml / 2 colheres de sopa de molho de ameixa
30 ml / 2 colheres de sopa de vinagre de vinho
5 ml / 1 colher de chá de cinco especiarias em pó
5 ml / 1 colher de chá de açúcar mascavo
15 ml / 1 colher de sopa de fubá (amido de milho)
15 ml / 1 colher de sopa de água

Aqueça o óleo e frite os rins por 2 minutos, depois retire-os da panela. Reaqueça o óleo e frite a carne de porco até dourar levemente. Adicione os legumes e frite por 3 minutos. Adicione o molho de soja, vinho, caldo, molho de ameixa, vinagre de vinho, pó de cinco especiarias e açúcar, leve para ferver, tampe e cozinhe por 30 minutos até ficar cozido. Adicione os rins. Misture o fubá com a água e coloque na panela. Deixe ferver e cozinhe, mexendo, até o molho engrossar.

Carne de porco com macarrão de arroz

para 4 pessoas

4 cogumelos chineses secos
100g / 4oz macarrão de arroz
225g / 8 onças de carne de porco magra, cortada em tiras
15 ml / 1 colher de sopa de fubá (amido de milho)
15 ml / 1 colher de sopa de molho de soja
15 ml / 1 colher de sopa de vinho de arroz ou xerez seco
45 ml / 3 colheres de sopa de óleo de amendoim (amendoim)
2,5ml / ½ colher de chá de sal
1 fatia de raiz de gengibre, picada
2 talos de aipo picados
120 ml / 4 fl oz / ½ xícara de caldo de galinha
2 cebolinhas (cebolinhas), fatiadas

Mergulhe os cogumelos em água morna por 30 minutos e depois escorra. Descarte os talos e corte as pontas. Mergulhe o macarrão em água morna por 30 minutos, escorra e corte em pedaços de 5 cm / 2. Coloque a carne de porco em uma tigela. Combine farinha de milho, molho de soja e vinho ou xerez, despeje sobre a carne de porco e misture bem. Aqueça o óleo e frite o sal e o gengibre por alguns segundos. Adicione a carne de porco e frite até dourar levemente. Adicione os cogumelos e o aipo e frite por

1 minuto. Adicione o caldo, deixe ferver, tampe e cozinhe por 2 minutos. Adicione o macarrão e aqueça por 2 minutos. Adicione a cebolinha e sirva imediatamente.

bolas de porco ricas

para 4 pessoas

450 g / 1 libra carne de porco picada (moída)
100 g / 4 onças de tofu, esmagado
4 castanhas d'água picadas finamente
sal e pimenta moída na hora
120 ml / 4 fl oz / ½ xícara de óleo de amendoim (amendoim)
1 fatia de raiz de gengibre, picada
600 ml / 1 pt / 2½ xícaras de caldo de galinha
15 ml / 1 colher de sopa de molho de soja
5 ml / 1 colher de chá de açúcar mascavo
5 ml / 1 colher de chá de vinho de arroz ou xerez seco

Misture a carne de porco, o tofu e as castanhas e tempere com sal e pimenta. Forme bolas grandes. Aqueça o óleo e frite as almôndegas até dourar de todos os lados, depois retire da frigideira. Escorra tudo menos 15ml / 1 colher de sopa de óleo e adicione o gengibre, caldo, molho de soja, açúcar e vinho ou xerez. Retorne as bolas de carne de porco para a panela, leve para ferver e cozinhe por 20 minutos até ficar cozido.

costeletas de porco assadas

para 4 pessoas

4 costeletas de porco
75 ml / 5 colheres de sopa de molho de soja
óleo para fritar
100g / 4 onças de aipo
3 cebolinhas (cebolinhas), picadas
1 fatia de raiz de gengibre, picada
15 ml / 1 colher de sopa de vinho de arroz ou xerez seco
120 ml / 4 fl oz / ½ xícara de caldo de galinha
sal e pimenta moída na hora
5 ml / 1 colher de chá de óleo de gergelim

Mergulhe as costeletas de porco no molho de soja até ficarem bem revestidas. Aqueça o óleo e frite as costeletas até dourar. Retire e escorra bem. Coloque o aipo no fundo de uma assadeira rasa. Polvilhe com as cebolinhas e o gengibre e coloque as costeletas de porco por cima. Regue com o vinho ou xerez e o caldo e tempere com sal e pimenta. Polvilhe com óleo de gergelim. Asse em forno pré-aquecido a 200°C/400°C/gás marca 6 por 15 minutos.

carne de porco temperada

para 4 pessoas

1 pepino em cubos

sal

450g / 1lb carne de porco magra, em cubos

5 ml / 1 colher de chá de sal

45 ml / 3 colheres de sopa de molho de soja

30 ml / 2 colheres de sopa de vinho de arroz ou xerez seco

30 ml / 2 colheres (sopa) de fubá (maizena)

15 ml / 1 colher de sopa de açúcar mascavo

60 ml / 4 colheres de sopa de óleo de amendoim

1 fatia de raiz de gengibre, picada

1 dente de alho picado

1 malagueta vermelha, sem sementes e picada

60 ml / 4 colheres de sopa de caldo de galinha

Polvilhe o pepino com sal e reserve. Misture a carne de porco, sal, 15ml/1 colher de sopa de molho de soja, 15ml/1 colher de sopa de vinho ou xerez, 15ml/1 colher de sopa de fubá, açúcar mascavo e 15ml/1 colher de sopa de óleo. Deixe descansar por 30 minutos e depois retire a carne da marinada. Aqueça o óleo restante e frite a carne de porco até dourar levemente. Adicione o gengibre, alho e pimenta e frite por 2 minutos. Adicione o pepino e frite por 2 minutos. Misture o caldo e o molho de soja restante, vinho ou xerez e farinha de milho na marinada. Adicione isso à panela e deixe ferver, mexendo. Cozinhe, mexendo, até o molho afinar e engrossar e continue a ferver até que a carne esteja cozida.

Fatias de carne de porco escorregadias

para 4 pessoas

8 oz / 225g de carne de porco magra, fatiada
2 claras de ovo
15 ml / 1 colher de sopa de fubá (amido de milho)
45 ml / 3 colheres de sopa de óleo de amendoim (amendoim)
50 g / 2 onças de brotos de bambu, fatiados
6 cebolinhas (cebolinhas), picadas
2,5ml / ½ colher de chá de sal
15 ml / 1 colher de sopa de vinho de arroz ou xerez seco
150 ml / ¼ pt / generosa ½ xícara de caldo de galinha

Misture a carne de porco com as claras e o amido de milho até ficar bem coberto. Aqueça o óleo e frite a carne de porco até dourar levemente, depois retire da panela. Adicione os brotos de bambu e as cebolinhas e frite por 2 minutos. Retorne a carne de porco à panela com sal, vinho ou xerez e caldo de galinha. Deixe ferver e cozinhe em fogo baixo, mexendo por 4 minutos até que a carne de porco esteja cozida.

Carne de porco com espinafre e cenoura

para 4 pessoas

225g / 8 onças de carne de porco magra
2 cenouras, cortadas em tiras
225g / 8 onças de espinafre
45 ml / 3 colheres de sopa de óleo de amendoim (amendoim)
1 cebolinha (cebolinha), finamente picada
15 ml / 1 colher de sopa de molho de soja
2,5ml / ½ colher de chá de sal
10 ml / 2 colheres de chá de fubá (amido de milho)
30 ml / 2 colheres de sopa de água

Corte a carne de porco em fatias finas contra o grão e depois corte em tiras. Ferva as cenouras por cerca de 3 minutos e depois escorra. Corte as folhas de espinafre ao meio. Aqueça o óleo e frite a cebolinha até ficar transparente. Adicione a carne de porco e frite até dourar levemente. Adicione as cenouras e o molho de soja e frite por 1 minuto. Adicione o sal e o espinafre e frite por cerca de 30 segundos até começar a amolecer. Misture o fubá e a água em uma pasta, misture ao molho e refogue até ficar transparente e sirva imediatamente.

carne de porco cozida no vapor

para 4 pessoas

450g / 1lb carne de porco magra, em cubos
120 ml / 4 fl oz / ½ xícara de molho de soja
120 ml / 4 fl oz / ½ xícara de vinho de arroz ou xerez seco
15 ml / 1 colher de sopa de açúcar mascavo

Misture todos os ingredientes e coloque-os em um recipiente resistente ao calor. Vapor em um rack sobre água fervente por cerca de 1 hora e meia até ficar cozido.

carne de porco frita

para 4 pessoas

25g / 1oz de cogumelos chineses secos
15 ml / 1 colher de sopa de óleo de amendoim
450 g / 1 lb carne de porco magra, fatiada
1 pimentão verde cortado em cubos
15 ml / 1 colher de sopa de molho de soja
15 ml / 1 colher de sopa de vinho de arroz ou xerez seco
5 ml / 1 colher de chá de sal
5 ml / 1 colher de chá de óleo de gergelim

Mergulhe os cogumelos em água morna por 30 minutos e depois escorra. Descarte os talos e corte as pontas. Aqueça o óleo e frite a carne de porco até dourar levemente. Adicione o pimentão e frite por 1 minuto. Adicione os cogumelos, o molho de soja, o vinho ou xerez e o sal e frite por alguns minutos até que a carne esteja cozida. Adicione o óleo de gergelim antes de servir.

Carne de porco com batata doce

para 4 pessoas

óleo para fritar

2 batatas doces grandes cortadas em rodelas

30 ml / 2 colheres de sopa de óleo de amendoim

1 fatia de raiz de gengibre, cortada

1 cebola fatiada

450g / 1lb carne de porco magra, em cubos

15 ml / 1 colher de sopa de molho de soja

2,5ml / ½ colher de chá de sal

pimenta moída na hora

250 ml / 8 fl oz / 1 xícara de caldo de galinha

30 ml / 2 colheres de sopa de caril em pó

Aqueça o óleo e frite as batatas-doces até dourar. Retire da panela e escorra bem. Aqueça o óleo de amendoim e frite o gengibre e a cebola até dourar levemente. Adicione a carne de porco e frite até dourar levemente. Adicione o molho de soja, sal e uma pitada de pimenta, em seguida, adicione o caldo e curry em pó, leve para ferver e cozinhe, mexendo, por 1 minuto. Adicione as batatas fritas, tampe e cozinhe por 30 minutos até que a carne de porco esteja cozida.

carne de porco agridoce

para 4 pessoas

450g / 1lb carne de porco magra, em cubos

15 ml / 1 colher de sopa de vinho de arroz ou xerez seco

15 ml / 1 colher de sopa de óleo de amendoim

5 ml / 1 colher de chá de caril em pó

1 ovo batido

sal

100 g / 4 oz farinha de milho (amido de milho)

óleo para fritar

1 dente de alho amassado

75g / 3 onças / ½ xícara de açúcar

50g / 2oz molho de tomate (ketchup)

5 ml / 1 colher de chá de vinagre de vinho

5 ml / 1 colher de chá de óleo de gergelim

Misture a carne de porco com o vinho ou xerez, azeite, caril em pó, ovo e um pouco de sal. Adicione a farinha de milho até que a carne de porco esteja coberta com a massa. Aqueça o óleo até ferver e, em seguida, adicione os cubos de carne de porco algumas vezes. Frite por cerca de 3 minutos, escorra e reserve. Reaqueça o óleo e frite os cubos novamente por cerca de 2 minutos. Retire e escorra. Aqueça o alho, o açúcar, o molho de tomate e o vinagre de vinho, mexendo até que o açúcar se dissolva. Deixe ferver, adicione os cubos de carne de porco e mexa bem. Adicione o óleo de gergelim e sirva.

porco salgado

para 4 pessoas

30 ml / 2 colheres de sopa de óleo de amendoim
450g / 1lb carne de porco magra, em cubos
3 cebolinhas (cebolinhas), fatiadas
2 dentes de alho amassados
1 fatia de raiz de gengibre, picada
250 ml / 8 fl oz / 1 xícara de molho de soja
30 ml / 2 colheres de sopa de vinho de arroz ou xerez seco
30 ml / 2 colheres de sopa de açúcar mascavo
5 ml / 1 colher de chá de sal
600 ml / 1 pt / 2½ xícaras de água

Aqueça o óleo e frite a carne de porco até dourar. Escorra o excesso de óleo, acrescente a cebolinha, o alho e o gengibre e frite por 2 minutos. Adicione o molho de soja, vinho ou xerez, açúcar e sal e mexa bem. Adicione a água, deixe ferver, tampe e cozinhe por 1 hora.

carne de porco com tofu

para 4 pessoas

450 g / 1 libra carne de porco magra
45 ml / 3 colheres de sopa de óleo de amendoim (amendoim)
1 cebola fatiada
1 dente de alho amassado
8 onças / 225 g de tofu, em cubos
375 ml / 13 fl oz / 1 ½ xícaras de caldo de galinha
15 ml / 1 colher de sopa de açúcar mascavo
60 ml / 4 colheres de sopa de molho de soja
2,5ml / ½ colher de chá de sal

Coloque a carne de porco em uma panela e cubra com água. Deixe ferver e cozinhe por 5 minutos. Escorra e deixe esfriar, depois corte em cubos.

Aqueça o óleo e frite a cebola e o alho até dourar levemente. Adicione a carne de porco e frite até dourar levemente. Adicione o tofu e mexa delicadamente até ficar coberto de óleo. Adicione o caldo, o açúcar, o molho de soja e o sal, deixe ferver, tampe e cozinhe por cerca de 40 minutos até que a carne de porco esteja macia.

porco frito

para 4 pessoas

225g / 8 onças de filé de porco, em cubos
1 clara de ovo
30 ml / 2 colheres de sopa de vinho de arroz ou xerez seco
sal
225 g / 8 oz farinha de milho (amido de milho)
óleo para fritar

Misture a carne de porco com a clara de ovo, vinho ou xerez e um pouco de sal. Gradualmente, trabalhe com farinha de milho suficiente para fazer uma massa grossa. Aqueça o óleo e frite a carne de porco até dourar e ficar crocante por fora e macia por dentro.

carne de porco duas vezes cozida

para 4 pessoas

225g / 8 onças de carne de porco magra
45 ml / 3 colheres de sopa de óleo de amendoim (amendoim)
2 pimentões verdes, cortados em pedaços
2 dentes de alho picados
2 cebolinhas (cebolinhas), fatiadas
15 ml / 1 colher de sopa de molho de feijão chutney
15 ml / 1 colher de sopa de caldo de galinha
5 ml / 1 colher de chá de açúcar

Coloque o pedaço de carne de porco em uma panela, cubra com água, deixe ferver e cozinhe por 20 minutos até que esteja cozido. Retire e escorra e deixe esfriar. Corte em fatias finas.

Aqueça o óleo e frite a carne de porco até dourar levemente. Adicione o pimentão, o alho e a cebolinha e frite por 2 minutos. Retire da panela. Adicione o molho de feijão, caldo e açúcar à frigideira e cozinhe, mexendo, por 2 minutos. Devolva a carne de porco e os pimentões e refogue até aquecer. Sirva na hora.

Porco com Legumes

para 4 pessoas

2 dentes de alho amassados
5 ml / 1 colher de chá de sal
2,5 ml / ½ colher de chá de pimenta moída na hora
30 ml / 2 colheres de sopa de óleo de amendoim
30 ml / 2 colheres de sopa de molho de soja
225 g / 8 oz floretes de brócolis
200g / 7 onças floretes de couve-flor
1 pimentão vermelho cortado em cubos
1 cebola picada
2 laranjas, descascadas e picadas
1 pedaço de talo de gengibre picado
30 ml / 2 colheres (sopa) de fubá (maizena)
300 ml / ½ pt / 1 ¼ xícaras de água
20 ml / 2 colheres de sopa de vinagre de vinho
15 ml / 1 colher de sopa de mel
pitada de gengibre em pó
2,5 ml / ½ colher de chá de cominho

Esmague o alho, o sal e a pimenta na carne. Aqueça o óleo e frite a carne até dourar levemente. Retire da panela. Adicione o molho de soja e os legumes à panela e refogue até ficar macio, mas ainda crocante. Adicione as laranjas e o gengibre. Misture o fubá com a água e mexa na panela com o vinagre de vinho, o mel, o gengibre e o cominho. Deixe ferver e cozinhe, mexendo, por 2 minutos. Retorne a carne de porco à frigideira e aqueça antes de servir.

carne de porco com nozes

para 4 pessoas

50 g / 2 onças / ½ xícara de nozes
225g / 8 onças de carne de porco magra, cortada em tiras
30 ml / 2 colheres de sopa de farinha de trigo (para todos os fins)
30 ml / 2 colheres de sopa de açúcar mascavo
30 ml / 2 colheres de sopa de molho de soja
óleo para fritar
15 ml / 1 colher de sopa de óleo de amendoim

Escalde as nozes em água fervente por 2 minutos e depois escorra. Misture a carne de porco com a farinha, o açúcar e 15ml / 1 colher de sopa de molho de soja até ficar bem revestida. Aqueça o óleo e frite a carne de porco até ficar crocante e dourada. Escorra em papel toalha. Aqueça o óleo de amendoim e frite as nozes até dourar. Adicione a carne de porco à panela, polvilhe com o molho de soja restante e refogue até aquecer.

wontons de porco

para 4 pessoas

450 g / 1 libra carne de porco picada (moída)
1 cebolinha (cebolinha), picada
8 oz / 225g de verduras mistas, picadas
30 ml / 2 colheres de sopa de molho de soja
5 ml / 1 colher de chá de sal
40 peles wonton
óleo para fritar

Aqueça uma frigideira e frite a carne de porco e a cebolinha até dourar levemente. Retire do fogo e acrescente os legumes, o molho de soja e o sal.

Para dobrar os wontons, segure a pele na palma da mão esquerda e coloque um pouco de recheio no centro. Umedeça as bordas com ovo e dobre a pele em um triângulo, selando as bordas. Umedeça os cantos com ovo e torça.

Aqueça o óleo e frite os wontons alguns de cada vez até dourar. Escorra bem antes de servir.

Carne de Porco com Castanhas de Água

para 4 pessoas

45 ml / 3 colheres de sopa de óleo de amendoim (amendoim)
1 dente de alho amassado
1 cebolinha (cebolinha), picada
1 fatia de raiz de gengibre, picada
225g / 8 onças de carne de porco magra, cortada em tiras
100g / 4 onças de castanhas de água, cortadas em fatias finas
45 ml / 3 colheres de sopa de molho de soja
15 ml / 1 colher de sopa de vinho de arroz ou xerez seco
5 ml / 1 colher de chá de fubá (amido de milho)

Aqueça o azeite e frite o alho, a cebolinha e o gengibre até dourar levemente. Adicione a carne de porco e frite por 10 minutos até dourar. Adicione as castanhas de água e frite por 3 minutos. Adicione o restante dos ingredientes e frite por 3 minutos.

wontons de carne de porco e camarão

para 4 pessoas

225g / 8oz carne de porco picada (moída)
2 cebolinhas (cebolinhas), picadas
100 g / 4 onças de verduras mistas, picadas
100 g de cogumelos picados
225 g / 8 onças de camarões descascados, picados
15 ml / 1 colher de sopa de molho de soja
2,5ml / ½ colher de chá de sal
40 peles wonton
óleo para fritar

Aqueça uma frigideira e frite a carne de porco e a cebolinha até dourar levemente. Misture com os ingredientes restantes.

Para dobrar os wontons, segure a pele na palma da mão esquerda e coloque um pouco de recheio no centro. Umedeça as bordas com ovo e dobre a pele em um triângulo, selando as bordas. Umedeça os cantos com ovo e torça.

Aqueça o óleo e frite os wontons alguns de cada vez até dourar. Escorra bem antes de servir.

Almôndegas picadas no vapor

para 4 pessoas

2 dentes de alho amassados
2,5ml / ½ colher de chá de sal
450 g / 1 libra carne de porco picada (moída)
1 cebola picada
1 pimentão vermelho picado
1 pimentão verde picado
2 pedaços de caule de gengibre, picados
5 ml / 1 colher de chá de caril em pó
5 ml / 1 colher de chá de páprica
1 ovo batido
45 ml / 3 colheres (sopa) de fubá (maizena)
50g / 2 onças de arroz de grão curto
sal e pimenta moída na hora
60 ml / 4 colheres de sopa de cebolinha picada

Misture o alho, o sal, a carne de porco, a cebola, o pimentão, o gengibre, o curry em pó e a páprica. Adicione o ovo à mistura com o amido de milho e o arroz. Tempere com sal e pimenta e depois misture a cebolinha. Com as mãos molhadas, forme pequenas bolas com a mistura. Coloque-os em uma cesta de cozimento a vapor, tampe e cozinhe em água fervente por 20 minutos até ficar cozido.

Baby Ribs com molho de feijão preto

para 4 pessoas

900 g / 2 libras de costela de porco
2 dentes de alho amassados
2 cebolinhas (cebolinhas), picadas
30 ml / 2 colheres de sopa de molho de feijão preto
30 ml / 2 colheres de sopa de vinho de arroz ou xerez seco
15 ml / 1 colher de sopa de água
30 ml / 2 colheres de sopa de molho de soja
15 ml / 1 colher de sopa de fubá (amido de milho)
5 ml / 1 colher de chá de açúcar
120 ml / 4 fl oz ½ xícara de água
30 ml / 2 colheres de sopa de óleo
2,5ml / ½ colher de chá de sal
120 ml / 4 fl oz / ½ xícara de caldo de galinha

Corte as costelas de porco em pedaços de 2,5 cm. Misture alho, cebolinha, molho de feijão preto, vinho ou xerez, água e 15ml / 1 colher de sopa de molho de soja. Misture o restante do molho de soja com o fubá, o açúcar e a água. Aqueça o óleo e o sal e frite as costelinhas até dourar. Escorra o óleo. Adicione a mistura de alho e frite por 2 minutos. Adicione o caldo, deixe ferver, tampe e cozinhe por 4 minutos. Adicione a mistura de fubá e cozinhe, mexendo, até o molho afinar e engrossar.

Costela Grelhada

para 4 pessoas

3 dentes de alho, esmagados
75 ml / 5 colheres de sopa de molho de soja
60 ml / 4 colheres de sopa de molho hoisin
60 ml / 4 colheres de sopa de vinho de arroz ou xerez seco
45 ml / 3 colheres de sopa de açúcar mascavo
30 ml / 2 colheres (sopa) de extrato de tomate (pasta)
900 g / 2 libras de costela de porco
15 ml / 1 colher de sopa de mel

Misture alho, molho de soja, molho hoisin, vinho ou xerez, açúcar mascavo e purê de tomate, despeje sobre as costelas, cubra e deixe marinar durante a noite.

Escorra as costelas e coloque-as em uma gradinha em uma assadeira com um pouco de água por baixo. Asse em forno pré-aquecido a 180°C / 350°F / gás marca 4 por 45 minutos, regando ocasionalmente com a marinada, reservando 30ml / 2 colheres de sopa da marinada. Misture a marinada reservada com o mel e pincele as costelinhas. Grelhe ou grelhe (asse) em uma grelha quente por cerca de 10 minutos.

Costelas de Bordo Assadas

para 4 pessoas

900 g / 2 libras de costela de porco
60 ml / 4 colheres de sopa de maple syrup
5 ml / 1 colher de chá de sal
5 ml / 1 colher de chá de açúcar
45 ml / 3 colheres de sopa de molho de soja
15 ml / 1 colher de sopa de vinho de arroz ou xerez seco
1 dente de alho amassado

Corte as costelas de porco em pedaços de 5 cm / 2 e coloque em uma tigela. Misture todos os ingredientes, acrescente a costela e mexa bem. Cubra e deixe macerar durante a noite. Asse (assar) ou grelhar em fogo médio por cerca de 30 minutos.

costelinha de porco frita

para 4 pessoas

900 g / 2 libras de costela de porco
120 ml / 4 fl oz / ½ xícara de molho de tomate (ketchup)
120 ml / 4 fl oz / ½ xícara de vinagre de vinho
60 ml / 4 colheres de sopa de chutney de manga
45 ml / 3 colheres de sopa de vinho de arroz ou xerez seco
2 dentes de alho picados
5 ml / 1 colher de chá de sal
45 ml / 3 colheres de sopa de molho de soja
30 ml / 2 colheres de sopa de mel
15 ml / 1 colher de sopa de caril suave em pó
15 ml / 1 colher de sopa de páprica
óleo para fritar
60 ml / 4 colheres de sopa de cebolinha picada

Coloque as costelas de porco em uma tigela. Misture todos os ingredientes menos o azeite e a cebolinha, despeje sobre a costela, tampe e deixe marinar por pelo menos 1 hora. Aqueça o óleo e frite as costelas até ficarem crocantes. Sirva polvilhado com cebolinho.

Costela com Alho-poró

para 4 pessoas

450 g / 1 libra de costela de porco

óleo para fritar

250 ml / 8 fl oz / 1 xícara de caldo

30 ml / 2 colheres de sopa de molho de tomate (ketchup)

2,5ml / ½ colher de chá de sal

2,5ml / ½ colher de chá de açúcar

2 alhos-porós, cortados em pedaços

6 cebolinhas (cebolinha), cortadas em pedaços

50g / 2oz floretes de brócolis

5 ml / 1 colher de chá de óleo de gergelim

Corte a costelinha de porco em pedaços de 5 cm / 2. Aqueça o óleo e frite as costelinhas até começarem a dourar. Retire-os da panela e despeje tudo menos 30 ml / 2 colheres de sopa de óleo. Adicione o caldo, o molho de tomate, o sal e o açúcar, deixe ferver e cozinhe por 1 minuto. Retorne as costelas para a panela e cozinhe em fogo baixo por cerca de 20 minutos, até ficarem macias.

Enquanto isso, aqueça mais 30 ml / 2 colheres de sopa de óleo e frite o alho-poró, a cebolinha e o brócolis por cerca de 5 minutos.

Polvilhe com óleo de gergelim e coloque em um prato quente. Despeje as costelas e o molho no centro e sirva.

Costela com Cogumelos

Para 4 a 6 porções

6 cogumelos chineses secos
900 g / 2 libras de costela de porco
2 cravos-da-índia de anis estrelado
45 ml / 3 colheres de sopa de molho de soja
5 ml / 1 colher de chá de sal
15 ml / 1 colher de sopa de fubá (amido de milho)

Mergulhe os cogumelos em água morna por 30 minutos e depois escorra. Descarte os talos e corte as pontas. Corte a costelinha de porco em pedaços de 5cm/2, leve uma panela com água para ferver, acrescente a costelinha e cozinhe por 15 minutos. Seque bem. Retorne as costelas à panela e cubra com água fria. Adicione os cogumelos, o anis estrelado, o molho de soja e o sal. Deixe ferver, tampe e cozinhe por cerca de 45 minutos até que a carne esteja macia. Misture o fubá com um pouco de água fria, mexa na panela e cozinhe em fogo baixo, mexendo, até o molho afinar e engrossar.

Costela com Laranja

para 4 pessoas

900 g / 2 libras de costela de porco

5 ml / 1 colher de chá de queijo ralado

5 ml / 1 colher de chá de fubá (amido de milho)

45 ml / 3 colheres de sopa de vinho de arroz ou xerez seco

sal

óleo para fritar

15 ml / 1 colher de sopa de água

2,5ml / ½ colher de chá de açúcar

15 ml / 1 colher (sopa) de extrato de tomate (pasta)

2,5 ml / ½ colher de chá de molho de pimenta

raspas de 1 laranja

1 laranja fatiada

Corte a costelinha de porco em pedaços e misture com o queijo, o amido de milho, 5ml/1 colher de chá de vinho ou xerez e uma pitada de sal. Deixe macerar por 30 minutos. Aqueça o óleo e frite as costelas por cerca de 3 minutos até dourar. Aqueça 15 ml / 1 colher de sopa de óleo em uma wok, adicione a água, o açúcar, o extrato de tomate, o molho de pimenta, as raspas de laranja e o restante do vinho ou xerez e mexa em fogo baixo por 2 minutos. Adicione a carne de porco e mexa até ficar bem revestida. Transfira para uma travessa quente e sirva decorado com rodelas de laranja.

costela de abacaxi

para 4 pessoas

900 g / 2 libras de costela de porco
600 ml / 1 pt / 2½ xícaras de água
30 ml / 2 colheres de sopa de óleo de amendoim
2 dentes de alho finamente picados
200g / 7oz pedaços de abacaxi enlatados em suco de frutas
120 ml / 4 fl oz / ½ xícara de caldo de galinha
60 ml / 4 colheres de sopa de vinagre de vinho
50 g / 2 onças / ¼ xícara de açúcar mascavo
15 ml / 1 colher de sopa de molho de soja
15 ml / 1 colher de sopa de fubá (amido de milho)
3 cebolinhas (cebolinhas), picadas

Coloque a carne de porco e a água em uma panela, deixe ferver, tampe e cozinhe por 20 minutos. Seque bem.

Aqueça o óleo e frite o alho até dourar levemente. Adicione as costelas e frite até ficarem bem revestidas com o óleo. Escorra os pedaços de abacaxi e adicione 120 ml / 4 fl oz / ½ xícara do suco à panela com o caldo, o vinagre de vinho, o açúcar e o molho de soja. Deixe ferver, tampe e cozinhe em fogo baixo por 10 minutos. Adicione o abacaxi escorrido. Misture o fubá com um pouco de água, mexa no molho e cozinhe, mexendo, até o molho afinar e engrossar. Sirva polvilhado com cebolinho.

Costelinha de camarão crocante

para 4 pessoas

900 g / 2 libras de costela de porco
450 g / 1 libra de camarões descascados
5 ml / 1 colher de chá de açúcar
sal e pimenta moída na hora
30 ml / 2 colheres de sopa de farinha de trigo (para todos os fins)
1 ovo, levemente batido
100g / 4 onças farinha de rosca
óleo para fritar

Corte o entrecosto em pedaços de 5 cm / 2. Corte um pouco da carne e pique-a com os camarões, o açúcar, o sal e a pimenta. Adicione a farinha e o ovo suficiente para tornar a mistura pegajosa. Pressione ao redor dos pedaços de costela de porco e polvilhe com farinha de rosca. Aqueça o óleo e frite as costelinhas até que subam à superfície. Escorra bem e sirva quente.

Costela com Vinho de Arroz

para 4 pessoas

900 g / 2 libras de costela de porco
450 ml / ¾ pt / 2 xícaras de água
60 ml / 4 colheres de sopa de molho de soja
5 ml / 1 colher de chá de sal
30 ml / 2 colheres de sopa de vinho de arroz
5 ml / 1 colher de chá de açúcar

Corte a entrecosto em pedaços de 1/2,5cm, coloque num tacho com a água, o molho de soja e o sal, deixe levantar fervura, tape e cozinhe em lume brando durante 1 hora. Seque bem. Aqueça uma frigideira e adicione a costela, o vinho de arroz e o açúcar. Refogue em fogo alto até o líquido evaporar.

Costelas com sementes de gergelim

para 4 pessoas

900 g / 2 libras de costela de porco

1 ovo

30 ml / 2 colheres de sopa de farinha de trigo (para todos os fins)

5 ml / 1 colher de chá de farinha de batata

45 ml / 3 colheres de sopa de água

óleo para fritar

30 ml / 2 colheres de sopa de óleo de amendoim

30 ml / 2 colheres de sopa de molho de tomate (ketchup)

30 ml / 2 colheres de sopa de açúcar mascavo

10 ml / 2 colheres de chá de vinagre de vinho

45 ml / 3 colheres de sopa de sementes de gergelim

4 folhas de alface

Corte a costelinha de porco em 10 cm / 4 pedaços e coloque em uma tigela. Misture o ovo com a farinha, a farinha de batata e a água, junte à costelinha e deixe descansar por 4 horas.

Aqueça o óleo e frite as costelinhas até dourar, retire e escorra. Aqueça o óleo e frite o molho de tomate, o açúcar mascavo, o vinagre de vinho por alguns minutos. Adicione as costelas de porco e refogue até cobrir completamente. Polvilhe com sementes de gergelim e frite por 1 minuto. Arrume as folhas de alface em um prato quente, cubra com as costelas e sirva.

Costelinhas doces e suaves

para 4 pessoas

900 g / 2 libras de costela de porco
600 ml / 1 pt / 2½ xícaras de água
30 ml / 2 colheres de sopa de óleo de amendoim
2 dentes de alho amassados
5 ml / 1 colher de chá de sal
100 g / 4 onças / ½ xícara de açúcar mascavo
75 ml / 5 colheres de sopa de caldo de galinha
60 ml / 4 colheres de sopa de vinagre de vinho
100 g / 4 onças de pedaços de abacaxi enlatados em calda
15 ml / 1 colher (sopa) de extrato de tomate (pasta)
15 ml / 1 colher de sopa de molho de soja
15 ml / 1 colher de sopa de fubá (amido de milho)
30 ml / 2 colheres de sopa de coco ralado

Coloque a carne de porco e a água em uma panela, deixe ferver, tampe e cozinhe por 20 minutos. Seque bem.

Aqueça o óleo e frite as costelinhas com o alho e o sal até dourar. Adicione o açúcar, o caldo e o vinagre de vinho e deixe ferver. Escorra o abacaxi e acrescente 30ml / 2 colheres de sopa da calda na panela com o purê de tomate, o molho de soja e o amido de milho. Mexa bem e cozinhe, mexendo, até o molho afinar e engrossar. Adicione o abacaxi, cozinhe por 3 minutos e sirva polvilhado com coco.

Costela Salteada

para 4 pessoas

900 g / 2 libras de costela de porco
1 ovo batido
5 ml / 1 colher de chá de molho de soja
5 ml / 1 colher de chá de sal
10 ml / 2 colheres de chá de fubá (amido de milho)
10 ml / 2 colheres de chá de açúcar
60 ml / 4 colheres de sopa de óleo de amendoim
250 ml / 8 fl oz / 1 xícara de vinagre de vinho
250 ml / 8 fl oz / 1 xícara de água
250 ml / 8 fl oz / 1 xícara de vinho de arroz ou xerez seco

Coloque as costelas de porco em uma tigela. Misture o ovo com o molho de soja, o sal, metade do amido de milho e metade do açúcar, junte à costelinha e mexa bem. Aqueça o óleo e frite as costelinhas até dourar. Adicione o restante dos ingredientes, deixe ferver e cozinhe até que o líquido quase evapore.

Costela com Tomate

para 4 pessoas

900 g / 2 libras de costela de porco
75 ml / 5 colheres de sopa de molho de soja
30 ml / 2 colheres de sopa de vinho de arroz ou xerez seco
2 ovos batidos
45 ml / 3 colheres (sopa) de fubá (maizena)
óleo para fritar
45 ml / 3 colheres de sopa de óleo de amendoim (amendoim)
1 cebola, em fatias finas
250 ml / 8 fl oz / 1 xícara de caldo de galinha
60 ml / 4 colheres de sopa de molho de tomate (ketchup)
10 ml / 2 colheres de chá de açúcar mascavo

Corte as costelas de porco em pedaços de 2,5 cm. Misture com 60 ml / 4 colheres de sopa de shoyu e o vinho ou xerez e deixe macerar por 1 hora, mexendo de vez em quando. Escorra, descartando a marinada. Passe as costelas por ovo e depois por fubá. Aqueça o óleo e frite as costelas, algumas de cada vez, até dourar. Seque bem. Aqueça o óleo de amendoim (amendoim) e frite a cebola até ficar transparente. Adicione o caldo, o molho de soja restante, o molho de tomate e o açúcar mascavo e cozinhe por 1 minuto, mexendo. Adicione as costelas e cozinhe por 10 minutos.

Carne de porco grelhada

Para 4 a 6 porções

1,25 kg / 3 lb ombro de porco desossado

2 dentes de alho amassados

2 cebolinhas (cebolinhas), picadas

250 ml / 8 fl oz / 1 xícara de molho de soja

120 ml / 4 fl oz / ½ xícara de vinho de arroz ou xerez seco

100 g / 4 onças / ½ xícara de açúcar mascavo

5 ml / 1 colher de chá de sal

Coloque a carne de porco em uma tigela. Misture o restante dos ingredientes, despeje sobre a carne de porco, tampe e deixe marinar por 3 horas. Transfira a carne de porco e a marinada para uma assadeira e asse em forno pré-aquecido a 200°C/400°F/gás marca 6 por 10 minutos. Reduza a temperatura para 160°C/325°F/gás marca 3 por 1¾ horas até que a carne de porco esteja cozida.

Carne de porco fria com mostarda

para 4 pessoas

1 kg / 2 lb de porco assado desossado
250 ml / 8 fl oz / 1 xícara de molho de soja
120 ml / 4 fl oz / ½ xícara de vinho de arroz ou xerez seco
100 g / 4 onças / ½ xícara de açúcar mascavo
3 cebolinhas (cebolinhas), picadas
5 ml / 1 colher de chá de sal
30 ml / 2 colheres de sopa de mostarda em pó

Coloque a carne de porco em uma tigela. Misture todos os ingredientes restantes, exceto a mostarda e despeje sobre a carne de porco. Deixe marinar por pelo menos 2 horas, regando com frequência. Forre uma assadeira com papel alumínio e coloque a carne de porco em uma grelha na assadeira. Asse em forno pré-aquecido a 200°C / 400°F / gás marca 6 por 10 minutos e depois reduza a temperatura para 160 °C / 325 °F / gás marca 3 por mais 1¾ horas até que a carne de porco esteja macia. Deixe esfriar e depois leve à geladeira. Corte em fatias bem finas. Misture a mostarda em pó com água suficiente para fazer uma pasta cremosa para servir com a carne de porco.

porco assado chinês

para 6

1,25 kg / 3 lb de carne de porco, fatia grossa
2 dentes de alho finamente picados
30 ml / 2 colheres de sopa de vinho de arroz ou xerez seco
15 ml / 1 colher de sopa de açúcar mascavo
15 ml / 1 colher de sopa de mel
90 ml / 6 colheres de sopa de molho de soja
2,5 ml / ½ colher de chá de cinco especiarias em pó

Coloque a carne de porco em um prato raso. Misture os ingredientes restantes, despeje sobre a carne de porco, cubra e deixe marinar na geladeira durante a noite, virando e regando ocasionalmente.

Disponha as rodelas de porco sobre uma grelha numa assadeira com um pouco de água e regue bem com a marinada. Asse em forno pré-aquecido a 180 ° C / 350 ° F / marca de gás 5 por cerca de 1 hora, regando ocasionalmente, até que a carne de porco esteja cozida.

carne de porco com espinafre

Serve 6 a 8

30 ml / 2 colheres de sopa de óleo de amendoim
1,25 kg / 3 libras de lombo de porco
250 ml / 8 fl oz / 1 xícara de caldo de galinha
15 ml / 1 colher de sopa de açúcar mascavo
60 ml / 4 colheres de sopa de molho de soja
900g / 2lb espinafre

Aqueça o azeite e doure a carne de porco de todos os lados. Elimina a maior parte da gordura. Adicione o caldo, o açúcar e o molho de soja, deixe ferver, tampe e cozinhe por cerca de 2 horas até que a carne de porco esteja cozida. Retire a carne da panela e deixe esfriar um pouco, depois fatie. Adicione o espinafre à panela e cozinhe em fogo baixo, mexendo delicadamente, até murchar. Escorra o espinafre e coloque em um prato quente. Cubra com as fatias de carne de porco e sirva.

bolas de porco fritas

para 4 pessoas

450 g / 1 libra carne de porco picada (moída)
1 fatia de raiz de gengibre, picada
15 ml / 1 colher de sopa de fubá (amido de milho)
15 ml / 1 colher de sopa de água
2,5ml / ½ colher de chá de sal
10 ml / 2 colheres de chá de molho de soja
óleo para fritar

Misture a carne de porco e o gengibre. Misture o fubá, a água, o sal e o molho de soja, depois acrescente a mistura à carne de porco e misture bem. Forme bolas do tamanho de uma noz. Aqueça o óleo e frite as almôndegas até que subam à superfície do óleo. Retire do óleo e reaqueça. Retorne a carne de porco para a panela e frite por 1 minuto. Seque bem.

Rolinhos de ovo de porco e camarão

para 4 pessoas

30 ml / 2 colheres de sopa de óleo de amendoim
225g / 8oz carne de porco picada (moída)
225g / 8 onças de camarão
100 g / 4 onças de folhas de porcelana, desfiadas
100 g / 4 onças de brotos de bambu, cortados em tiras
100g / 4 onças de castanhas de água, cortadas em tiras
10 ml / 2 colheres de chá de molho de soja
5 ml / 1 colher de chá de sal
5 ml / 1 colher de chá de açúcar
3 cebolinhas (cebolinhas), bem picadas
8 cascas de rolinho de ovo
óleo para fritar

Aqueça o óleo e frite a carne de porco até dourar. Adicione os camarões e frite por 1 minuto. Adicione as folhas chinesas, brotos de bambu, castanhas d'água, molho de soja, sal e açúcar e refogue por 1 minuto, tampe e cozinhe por 5 minutos. Adicione a cebolinha, coloque em uma peneira e deixe escorrer.

Coloque algumas colheres de sopa da mistura de recheio no centro da casca de cada rolinho, dobre no fundo, dobre nas laterais e enrole, envolvendo o recheio. Sele a borda com um pouco da mistura de farinha e água e deixe secar por 30 minutos. Aqueça o óleo e frite os rolinhos de ovo por cerca de 10 minutos até ficarem crocantes e dourados. Escorra bem antes de servir.

Carne de porco moída no vapor

para 4 pessoas

450 g / 1 libra carne de porco picada (moída)
5 ml / 1 colher de chá de fubá (amido de milho)
2,5ml / ½ colher de chá de sal
10 ml / 2 colheres de chá de molho de soja

Misture a carne de porco com o restante dos ingredientes e espalhe a mistura em um refratário raso. Coloque em uma panela a vapor com água fervente e cozinhe por cerca de 30 minutos até ficar cozido. Servir quente.

Carne de porco frita com carne de caranguejo

para 4 pessoas

8 oz / 225g de carne de caranguejo, em flocos
100 g de cogumelos picados
100 g / 4 onças de brotos de bambu, picados
5 ml / 1 colher de chá de fubá (amido de milho)
2,5ml / ½ colher de chá de sal
8 onças / 225 g de carne de porco cozida, fatiada
1 clara de ovo, levemente batida
óleo para fritar
15 ml / 1 colher de sopa de salsa fresca picada

Misture a carne de siri, os cogumelos, o broto de bambu, a maior parte do fubá e o sal. Corte a carne em quadrados de 5 cm. Faça sanduíches com a mistura de carne de caranguejo. Cubra com a clara de ovo. Aqueça o óleo e frite os sanduíches aos poucos até dourar. Seque bem. Sirva polvilhado com salsa.

www.ingramcontent.com/pod-product-compliance
Lightning Source LLC
Chambersburg PA
CBHW071432080526
44587CB00014B/1811